Ilse Pelz
Mehr über Meerschweinchen

Mehr über Meerschweinchen

Rassen · Haltung · Vererbung

Von Ilse Pelz

Verlagshaus Reutlingen · Oertel + Spörer

Haftungsausschluß

Die Hinweise in diesem Buch stammen von der Autorin. Es können jedoch keinerlei Garantien übernommen werden.
Eine Haftung der Autorin bzw. des Verlages und seiner Beauftragten für Personen-, Sach- und Vermögensschäden ist ausgeschlossen.

Die Deutsche Bibliothek – CIP-Einheitsaufnahme

Pelz, Ilse:
Mehr über Meerschweinchen : Rassen, Haltung, Vererbung / von Ilse Pelz. – Reutlingen : Verl.-Haus Reutlingen Oertel und Spörer, 1995
    ISBN 3-88627-162-5

© Verlagshaus Reutlingen · Oertel + Spörer · 1995
Postfach 16 42 · 72706 Reutlingen
Alle Rechte vorbehalten
Lektorat: Julie-Sabine Geiger, Reutlingen
Schrift: 10.5/12.5 p Garamond
Satz: typoscript GmbH, Kirchentellinsfurt
Reproduktionen: Repro-Maurer, Tübingen
Druck: Oertel + Spörer, Reutlingen
Einband: Heinrich Koch, Tübingen
Printed in Germany
ISBN 3-88627-162-5

Geleitwort

Die landläufige Meinung, das Meerschweinchen sei nur ein Kinderspielzeug, ist so nicht mehr haltbar. Immer mehr, vor allem aber auch Erwachsene, beschäftigen sich innerhalb der letzten Jahre mit dem Lebewesen Meerschweinchen, egal ob es Liebhaber, Halter oder Züchter sind. Trotzdem kommt es noch vor, daß man als Erwachsener belächelt wird, wenn man von seinem Hausgenossen „Meerschweinchen" plaudert. Es war an der Zeit, endlich ein fundamentiertes Werk über Rassen, Haltung und Vererbung von Meerschweinchen auf den deutschen Buchmarkt zu bringen.

Als die Autorin mich über Ihr Vorhaben unterrichtete, war ich begeistert und habe ihr jegliche Unterstützung durch unseren Verband zugesagt.

Mit diesem Buch hat die Autorin vom Inhalt her für alle Meerschweinchenfreunde, egal zu welcher Kategorie sie zählen, eine hervorragende Abhandlung der wichtigsten Themen zu Papier gebracht. So werden nicht nur die üblichen Haltungs- und Pflegebedürfnisse angesprochen, sondern auch Belange wie Geburtsprobleme, Aufzucht mutterloser Jungen und, was auch für den Züchter wichtig ist, Regeln über die Vererbung. Es mag bestimmt die eine oder andere Arbeit über das Meerschweinchen geben, doch meist sind es englische oder medizinische Fachbücher. Diese Lektüre, die Sie hier in Händen halten, beschert Ihnen eine vorzügliche Basis für die Haltung, Pflege und Zucht von diesen possierlichen Tieren. Die Erkenntnisse, welche aus langjähriger Erfahrung hier zusammengetragen wurden, runden dieses Werk ab. Ich möchte mich an dieser Stelle bei der Autorin für das Engagement, welches in dieser Publikation steckt, bedanken. In der Hoffnung, daß viele begeisterte Meerschweinchenfreunde und auch Züchter von diesen Ausführungen einen Nutzen haben.

Nun wünsche ich allen Lesern viel Freude beim Studieren dieses Buches und die Beantwortung der Fragen, die sie bisher hatten.

Gerd Lang
1. Vorsitzender der Meerschweinchenfreunde Deutschland (MFD)
Bundesverband Deutschland e.V.

Vorwort

Mein erstes eigenes Haustier war ein dreifarbiges Glatthaarmeerschweinchen namens Mucki.

Ich bekam es anstelle eines langersehnten Hundes, der erst ein paar Jahre später folgen sollte.

Mucki war sehr intelligent. Oft baute ich aus den Bauklötzen meines jüngeren Bruders Irrgärten – das Löwenzahnblatt im Ziel fand Mucki immer schnell. Ich hatte viel Freude mit ihm. Wie alt Mucki wurde, weiß ich nicht mehr, aber an seinen Nachfolger, ebenfalls ein Glatthaarmeerschweinchen in Schwarz-Weiß, kann ich mich noch erinnern.

Etwa 25 Jahre später – längst hatten sich meine Jugendträume von einem Leben mit Tieren der verschiedensten Arten erfüllt – las ich eine Zeitungsanzeige, in der junge Angorameerschweinchen angeboten wurden. Solche Tiere hatte ich bis dahin noch nicht gesehen. Ich kannte nur Glatthaar- und Rosettenmeerschweinchen. Und der Gedanke an diese Tiere ging mir nicht mehr aus dem Kopf. Am nächsten Wochenende erschien die Anzeige ein zweites Mal.

Vielleicht lag es an dem herrlichen Sonnenschein an diesem Tag. Jedenfalls saßen wir nach einem kurzen Telefonat bereits nach einer Viertelstunde mit einem kleinen Käfig im Auto, um uns auf die etwa 100 km weite Reise zu machen. So kam ich zu Paulinchen und Luise, die mit ihren 5 Wochen wie kleine bunte Wattebäusche aussahen. Ein paar Monate später kam noch der bereits erwachsene Waldemar aus einer anderen Zucht hinzu.

Heute weiß ich, daß ich damals sehr viel Glück hatte, gleich am Anfang Tiere mit korrektem Körperbau und fast korrekter Haarstruktur erwerben zu können. Im Laufe der folgenden Jahre erwies es sich als recht schwierig, weitere gute Zuchttiere zu bekommen, da entweder Mischlinge als Angoras angeboten wurden oder die angegebenen Farben nicht den tatsächlichen entsprachen.

So vergingen einige Jahre, bis ich Tiere in den von mir gewünschten Farben züchten konnte, da ich mich von Anfang an nicht mit dem „gewöhnlichen" Schwarz-Rot-Weiß abfinden wollte.

Mein Meerschweinchenbestand wuchs nie über 4–6 Tiere hinaus, da ich für mein Vorhaben nur ganz bestimmte Ausgangstiere in der

Zucht einsetzte, um mein Ziel nicht aus den Augen zu verlieren. Dies hatte den Vorteil, daß ich mich mit jedem einzelnen Tier täglich beschäftigen konnte, und ich verbrachte viele Stunden, Tage und Nächte mit der Beobachtung ihres Familienlebens.

Durch die Abgabe der Jungtiere an Meerschweinchenliebhaber habe ich viele nette, manchmal auch weniger nette Menschen kennengelernt. Da sich die Fragen, die mir zur Haltung und Vererbung dabei gestellt wurden, ständig wiederholten, habe ich die Antworten in diesem Buch zusammengefaßt. In der Hoffnung, Vorurteile auszuräumen und etwas Verständnis für eine artgerechte Haltung der Meerschweinchen zu erwecken, wurde es auch für die Meerschweinchen selbst geschrieben.

Meine Aufzeichnungen zu diesem Thema dürften für Anfänger in der Meerschweinchenhaltung sowie für langjährige Züchter gleichermaßen interessant sein, da sie überwiegend auf langjährigen praktischen Erfahrungen beruhen.

Mein besonderer Dank gilt den Meerschweinchenfreunden Deutschland e. V., Frankfurt, die mich freundlicherweise mit Fotos ihrer Tiere unterstützt haben, und meinem Mann, der geduldig mein Manuskript las und korrigierte.

Viel Freude mit diesen liebenswerten, kleinen Geschöpfen wünscht

Ilse Pelz

Inhalt

Teil I

Abstammung

Familie Caviidae: Meerschweinchen

Diese ausschließlich in Südamerika vorkommende Familie von bodenbewohnenden Nagetieren umfaßt 4 Gattungen mit 20 Arten.

„Cavia aperea" ist die am weitesten verbreitete Art. Sie kommt im Norden, Westen und Südosten des Kontinents vor und ist die Stammform des Hausmeerschweinchens „Cavia aperea porcellus". Die Tiere leben im allgemeinen in Gruppen von maximal 10 Exemplaren zusammen und verständigen sich untereinander durch eine Vielzahl von Lautäußerungen.

Die bevorzugt bei Sonnenaufgang und in der Dämmerung auf Nahrungssuche gehenden Wildmeerschweinchen fressen hauptsächlich Gras und Kräuter. Obwohl sie mit ihren scharfen Krallen sehr gut graben können, übernehmen sie vorzugsweise die verlassenen Höhlen anderer Tierarten.

Ihr Lebensraum ist das südamerikanische Grasland und das felsige Gelände in Höhenlagen zwischen 1600 und 4000 Meter über dem Meeresspiegel, weshalb sie auch Gebirgsmeerschweinchen genannt werden. Das Klima in dieser Region ist gekennzeichnet durch Temperaturen um 15 bis 20 Grad Celsius ohne nennenswerte jahreszeitliche Schwankungen. Zudem regnet es dort mit weniger als 250 Millimetern Niederschlag pro Jahr bedeutend weniger als in Deutschland (etwa 700 Millimeter Niederschlag pro Jahr).

Das Wildmeerschweinchen ist bei einem Gewicht von 500 bis über 600 Gramm und einer Länge von 20 bis 30 Zentimetern kleiner als das Hausmeerschweinchen. Sein Haarkleid ist derber und die kurzen Hinterbeine etwas länger, so daß es auch bis 70 Zentimeter hohe Sprünge machen kann. Es pflanzt sich das ganze Jahr über fort. Nach einer Tragzeit von ca. 65 Tagen werden 1–4 Junge geboren.

Das Hausmeerschweinchen „Cavia aperea porcellus" wurde bereits 1000 v. Chr. von den Inkas domestiziert. Es wurde in kleinen Rudeln in den Häusern und Siedlungen frei gehalten und diente vornehmlich als Nahrungsmittel. In den Not- und Hungerzeiten wurden auch bei uns noch bis in die zwanziger Jahre Meerschweinchen als Nahrungsmittel empfohlen.

Bei Ausgrabungen wurden Meerschweinchenmumien sowie Vasenabbildungen gefunden, aus denen hervorgeht, daß sie auch den Göttern als Opfertier geweiht wurden.

Mit der Entdeckung Südamerikas durch die Spanier muß das Meerschweinchen in der Mitte des 16. Jahrhunderts nach Europa gelangt sein, denn der Schweizer Zoologe Konrad Gesner beschrieb das „indische Schweinchen" schon im Jahr 1554. In Holland gezüchtete Meerschweinchen wurden um 1680 nach Frankreich und England verkauft. Sie waren allerdings so teuer, daß es sich kaum jemand leisten konnte, ein solches zu erwerben.

Bergmeerschweinchen
Felsenmeerschweinchen/Moko
(Kerodon rupestris)

Das Bergmeerschweinchen lebt in trockenem, felsigem Gelände Nordostbrasiliens. Es hat bei einer Größe von ca. 30 Zentimetern und einem ganz ähnlichen Körperbau etwas längere Beine als das Hausmeerschweinchen. Die Füße sind mit Greifnägeln und Haftsohlen ausgestattet, so daß es auf der Suche nach Blättern, seiner bevorzugten Nahrung, auch auf Büsche und Bäume klettern kann. Vermutlich wirft das Weibchen zweimal im Jahr ein bis zwei Jungtiere.

Wieselmeerschweinchen
(Galea musteloides)

Das Wieselmeerschweinchen lebt in größeren Gruppen in den Trockensavannen Argentiniens und Boliviens. Es ist bei einem Gewicht von knapp 500 Gramm und einer Größe von etwa 20 Zentimetern kleiner als das Hausmeerschweinchen; seine Nagezähne sind gelb.

Warum heißt das Meerschweinchen „Meerschweinchen"?

„Meerschweinchen" ist eigentlich ein merkwürdiger Name, wenn man bedenkt, daß das Meerschweinchen weder Wasser besonders mag noch mit den Schweinen in irgendeiner verwandtschaftlichen Beziehung steht.

Vielleicht wurde es so genannt, weil seine recht vielseitigen Lautäußerungen teilweise an die der Schweine erinnern und weil es über das Meer zu uns kam. Im englischen Namen „guinea pig" ist ebenfalls das Wort Schwein enthalten. „Guinea" ist eine altenglische Goldmünze im Wert von etwa 21 Shilling. Für diesen Preis sollen britische Seeleute die Tiere, die sie von ihren Überseereisen mitbrachten, damals verkauft haben.

Jedenfalls kommt das Meerschweinchen nicht aus Guinea, welches in Afrika liegt. Allerdings soll es oft vorgekommen sein, daß die Schiffe auf ein und derselben Reise beide Kontinente, Südamerika und Afrika, angesteuert haben. Die Käufer könnten so in dem Glauben gewesen sein, daß wenn das Schiff aus Guinea kam, auch die mitgebrachten Meerschweinchen dort beheimatet sein müßten.

Die Spanier nannten das Meerschweinchen „conejillo de Indias", das heißt „kleines Kaninchen aus Indien", da man damals der Meinung war, mit Amerika den Westen Indiens entdeckt zu haben. Heute wird es eher mit „escudo puerco" bezeichnet. Die vermeintliche indische Herkunft findet sich übrigens auch heute noch in dem französischen Namen „Cochon d' Inde", das bedeutet „indisches

Schwein". Auch mit „cobaye" wird es in Frankreich bezeichnet. Das leitet sich von dem früheren wissenschaftlichen Namen „Cavia cobaya" ab.

Den heutigen wissenschaftlichen Namen „Cavia aperea porcellus", was man aus dem Lateinischen mit „Höhlenschweinchen" übersetzen kann, bekam es 1758 von dem schwedischen Naturforscher Linné.

Auswahl eines Meerschweinchens

Ist die Entscheidung gefallen, sich ein Meerschweinchen als Haustier zu halten, so gibt es einige Dinge, die sorgfältig zu überlegen sind: Wie kaum ein anderes Tier fühlt sich ein Meerschweinchen in einem Haus auf dem Land ebenso wohl wie in einer kleinen Stadtwohnung. Es macht keinen Lärm, eine Zustimmung des Vermieters ist nicht erforderlich und in der Urlaubszeit kann es bequem in seinem Käfig bei Freunden oder Verwandten bleiben. Ganz anspruchslos ist es jedoch nicht, und es hängt vom Verantwortungsbewußtsein des Halters ab, ob es sich wohl fühlt und gesund bleibt.

Unabhängig von optimalen Fütterungs- und Haltungsbedingungen ist zu beachten, daß Meerschweinchen Rudeltiere sind und deshalb eine Einzelhaltung für echte Tierfreunde nicht in Frage kommen kann. Die Tiere brauchen den Kontakt zueinander und haben sich auch immer sehr viel zu erzählen. Einzeltiere bleiben oft im Gewicht und in der Größe hinter den Tieren zurück, die mit einem oder mehreren Artgenossen zusammenleben dürfen.

Man kann Meerschweinchen beim Züchter, im Zoohandel und aus der Vermehrungs-Tierhaltung erwerben. Auch wird der mehr oder weniger gewollte Nachwuchs der von Meerschweinchenliebhabern gehaltenen Tiere oft in Tageszeitungen angeboten.

Züchter haben bestimmte Zuchtziele. Sie sind darum bemüht, mit ihren Tieren dem Rassestandard möglichst nahe zu kommen. Oder sie befassen sich mit der Herauszüchtung einer bestimmten Farbkombination, einer bestimmten Haarstruktur oder etwas anderem.

Um diese Zuchtziele zu erreichen, müssen sie sich in der Vererbungslehre auskennen.

Ein Züchter hat nicht besonders viele Tiere, da er genau weiß, mit welchen Tieren er seinen Zuchtzielen näherkommt.

Der Züchter hält entweder eine oder mehrere Meerschweinchenrassen. Da es bei uns in Deutschland noch keine Beschreibungen der Rassen gibt, wird er sich am englischen, holländischen oder am amerikanischen Rassestandard orientieren. Im Standard wird genau beschrieben, welche körperlichen Merkmale ein Meerschweinchen einer bestimmten Rasse zu haben hat. Wie zum Beispiel die Anzahl und Anordnung der Rosetten, die Verteilung der Farben und vieles mehr. Aber auch die Tiergesundheit wird nicht außer acht gelassen, wenn zum Beispiel große Augen und weite Schultern gefordert werden.

Je näher ein Tier dieser Beschreibung kommt, desto wertvoller ist es für die Zucht, und wer selbst züchten möchte, kann glücklich sein, wenn er ein solches Prachtexemplar erwerben kann, selbst wenn es etwas teurer sein sollte. Was sind schon gesparte zehn Mark im Verhältnis zu den jahrelangen züchterischen Bemühungen?

Auch ein gewissenhafter Züchter kann seinen gesamten Nachwuchs nicht behalten. Die für seine Zwecke zur Weiterzucht nicht geeigneten Tiere wird er abgeben müssen. Übrigens hat ein guter Züchter seine Meerschweinchen auf ein Leben in der Menschenfamilie – dazu gehört die tägliche Beschäftigung mit jedem einzelnen Tier – vorbereitet. Er wird dem neuen Besitzer bei der Übergabe eine Anleitung zur Ernährung sowie Haltung aushändigen und auch später beratend zur Seite stehen.

Es gibt gute und schlechte *Zoohandlungen.*. Wer sich hier sein Meerschweinchen aussuchen möchte, hat insbesondere darauf zu achten, daß die Tiere in ausreichend großen Boxen unter sich sein dürfen, oder ob sie zum Beispiel mit Kaninchen zusammen untergebracht sind. Zudem sollten männliche und weibliche Tiere getrennt gehalten werden.

Das Personal sollte sich mit der artgerechten Pflege und Haltung auskennen und dieses Wissen auch an die Käufer weitergeben.

Erkrankungen, auch solche, die beim Kauf noch gar nicht erkennbar sind, kommen in Zoohandlungen durch den ständigen Wechsel der Tiere leider öfter vor.

Parasitenbehaftete Tiere dürfen nicht verkauft werden. Ebenso sollte es nicht vorkommen, daß Mischlinge als Rassetiere angeboten werden.

In *Vermehrungszuchten* kommt es darauf an, in möglichst kurzer Zeit viele Jungtiere zu produzieren, um sie beispielsweise an Zoohandlungen und Laboratorien verkaufen zu können. Solche Tiere werden meistens in Ställen ohne viel menschlichen Kontakt gehalten. Die hier angebotenen Tiere fallen oft durch ihren kleinen Wuchs und spitze Nasenpartien auf, die dem Meerschweinchen ein rattenähnliches Aussehen verleihen. Manchmal scheint es, daß das Verantwortungsbewußtsein solcher Tierfreunde nicht besonders ausgeprägt ist.

In diesem Fall dort ein Tier zu kaufen ist sicher nicht der richtige Weg.

Letztendlich gibt es noch Familien, die, wie die meisten Züchter, aus reiner Freude mit ihrem Meerschweinchenpärchen oder einem kleinen Rudel in engem häuslichem Kontakt leben. Man kann hier ebenso nette Mischlinge finden wie Nachkommen aus Massenzuchten oder auch gute Rassetiere. Die Kondition der hier erhältlichen Tiere ist unterschiedlich und abhängig vom Wissensstand und dem Verantwortungsbewußtsein des einzelnen Besitzers.

Es gibt also viele Möglichkeiten zu *seinem* Meerschweinchen zu kommen. Wer ein bißchen die Augen aufhält und die „Schwarzen Schafe", die es überall gibt, nicht auch noch mit einem Geldbetrag unterstützt, wie dies bei einem Mitleidskauf der Fall wäre, wird sicher mit seinem Schweinchen zufrieden sein.

Vorsicht ist immer bei Leuten geboten, die ihre Tiere verschenken wollen. Wenn in den Augen dieser Leute ein Meerschweinchen nichts wert ist, könnte es sein, daß es bisher dementsprechend behandelt wurde.

Haben Sie selbst Meerschweinchen abzugeben, und die *erste* Frage eines Interessenten am Telefon lautet: „Was sollen die denn kosten?", können Sie mit großer Wahrscheinlichkeit davon ausgehen, daß ein Tier dort nicht in den richtigen Händen ist. Denn dies wird auch die erste Frage beim Futterkauf, bei der Anschaffung eines Käfigs und bei einem eventuell notwendigen Tierarztbesuch sein. Jeder weiß, daß selbst ein Kind in der Lage ist, ein Meerschweinchen von seinem

Abb. 1 Glatthaargruppe, Zwei- und Dreifarbig; Bes. F. Diehl, Frankfurt

Abb. 2 Glatthaar, Rot. Mutter mit Nachwuchs. Rottöne variieren; Zü. und Bes. E. Lösch, Bischofsheim

Abb. 3 Amerikanischer Schopf, hochtragend; Bes. M. Zeddies, Langgöns

Abb. 4 Glatthaarfamilie, Lilac, Jungtiere werden dunkler geboren; Bes. R. Kornienko, Hammer

Abb. 5 Angora-Schimmel mit Jungtier; Zü. und Bes. M. Enick, Bad Düben˜

Abb. 6 Satin, Rot. Mutter mit Nachwuchs; Zü. M. Enick, Bad Düben

Abb. 7 Glatthaar, Buff; Bes. M. Enick, Bad Düben

Abb. 8 Glatthaar, Lilac, Rassemeerschweinchen haben eine „Römernase"; Bes. R. Kornienko, Hammer

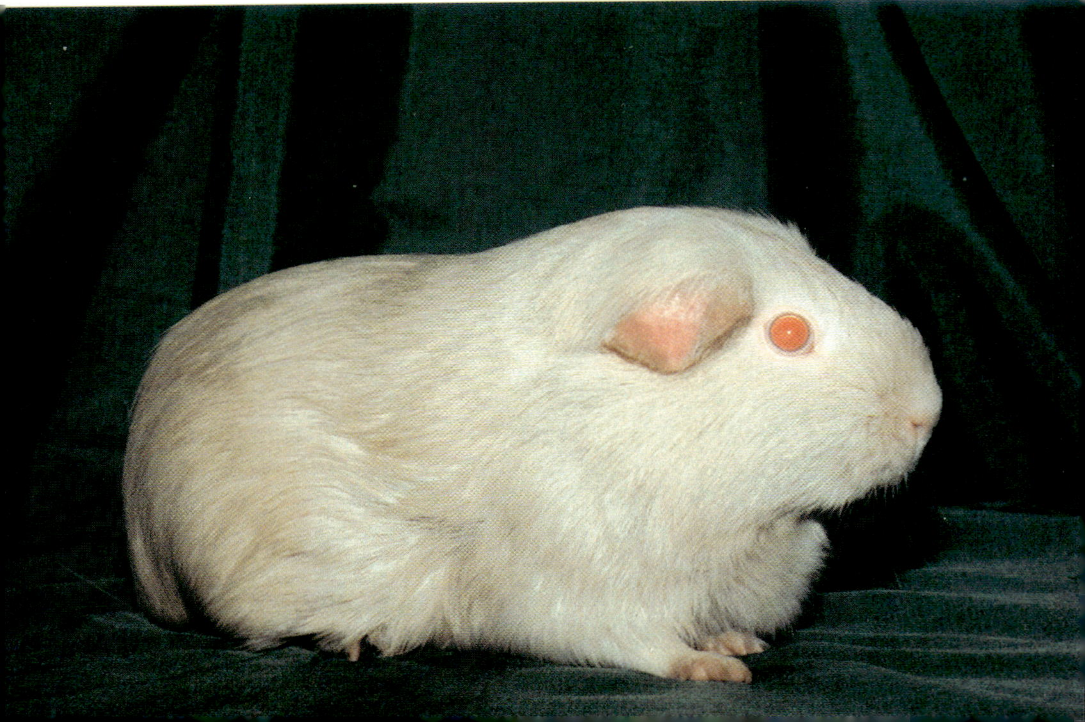

Taschengeld zu erwerben. Wer Jahre seines Lebens mit einem Haustier teilen möchte, hat anfangs bestimmt wichtigere Fragen zu stellen.

Es ist also keineswegs unwichtig, wo man sein Meerschweinchen erwirbt. Absolut unwichtig ist dagegen der ohnehin geringe Kaufpreis.

Schon im ersten Jahr seines Lebens als Hausgenosse werden die Futterkosten höher sein als der Anschaffungspreis. Von den im Verhältnis dazu enormen Kosten eines artgerechten Käfigs einmal ganz abgesehen.

Ein wirklicher Meerschweinchenliebhaber wird seinen Meerschweinchen einen großen Käfig geben, auch wenn dessen Anschaffung nicht gerade billig ist. Er wird ihnen in der Wohnung, im Garten oder auf dem Balkon Auslauf verschaffen, obwohl sie nicht ganz stubenrein werden. Er wird seinen Meerschweinchen die notwendige Pflege zukommen lassen und auch dazu bereit sein, wenn einmal ein Tier krank werden sollte und seine Hilfe benötigt. Und er wird dem Tier auch eine teure Tierarztbehandlung oder eine Operation bezahlen, wenn er ihm damit das Leben retten kann. Wenn Sie bereit sind, dies auch alles für Ihre Tiere zu tun, steht der Suche nach einem Meerschweinchen nichts mehr im Wege.

Kauft man ein Tier zur Zucht, werden die vorhandenen Merkmale für den Kauf ausschlaggebend sein. Das Alter des Bockes ist dabei nicht so wichtig. Ein Weibchen, das älter als 10 Monate ist, sollte jedoch schon einmal Nachwuchs gehabt haben, da sonst Geburtsschwierigkeiten auftreten können.

Für Leute, die Liebhabertiere suchen und denen bestimmte Zuchtmerkmale unwichtig sind, ist es eigentlich nur wichtig, auf den Gesundheitszustand und das Wesen der Tiere zu achten.

Für Jung- und Alttiere gilt, daß das Fell glänzend und sauber sein muß.

Die Augen sollen klar und nicht verklebt sein.

An Nase, Lippen und Ohren dürfen keine Entzündungen oder Verkrustungen zu sehen sein.

Die Aftergegend muß vollkommen sauber sein.

Die Tiere dürfen keine Parasiten haben. Haarlinge erkennt man zum Beispiel an den vielen silbrigen Schuppen, besonders um die Ohren herum.

Dies ist eigentlich das Wesentliche, was man rein äußerlich erkennen kann.

Seien Sie sich darüber im klaren, daß extrem scheue Tiere, die ohne tägliche Zuwendung durch den Menschen aufgewachsen sind, dieses Verhalten nur sehr langsam ablegen werden.

Leben bisher noch keine Meerschweinchen im Haushalt und will man auch keinen Nachwuchs, sollte man sich für zwei Tiere gleichen Geschlechts entscheiden. Böcke werden etwas größer als weibliche Tiere, sie verhalten sich im allgemeinen etwas ruhiger. Weibliche Meerschweinchen sind gelegentlich etwas streitsüchtiger untereinander und manchmal auch etwas schreckhafter. Ist bereits ein Meerschweinchen vorhanden, wird es als Bock den Neuankömmling freudig begrüßen. Weibchen nehmen erst einmal eine ablehnende Haltung ein und werden den Neuen oder die Neue vielleicht auch mal zwicken. Ernsthafte Komplikationen sind aber nicht zu erwarten, sofern man ein junges, noch nicht geschlechtsreifes Tier als Partner ausgewählt hat.

Für den Transport ist eine geschlossene Kiste oder ein geschlossener, gut durchlöcherter Karton, mit etwas Heu als Einstreu und vielleicht einer Möhre als Proviant, geeignet. Dem Tier wird in einer solchen „Höhle" zusätzlicher Streß durch zu viele neue, unbekannte Sinneseindrücke erspart bleiben. Bedenken Sie, daß es im Sommer im Auto recht heiß werden kann. Für ein Meerschweinchen manchmal zu heiß.

Kein wirklicher Tierfreund wird sein Tier im Versandhandel erwerben. Ständiges Umladen von einem Verkehrsmittel ins nächste, der Lärm, der auf solchen Verladestellen herrscht, und stundenlanges Warten auf zugigen, kalten oder heißen Versandstationen versetzen die Tiere in Todesangst. Man wird einem Tier, selbst wenn es uns verstehen könnte, wohl kaum erklären können, daß dies alles zu seinem Besten geschieht.

Eingewöhnung

Jedes erworbene Meerschweinchen muß sich erst einmal an seine neue Umgebung gewöhnen. Es ist ratsam, es erst einmal sich selbst zu überlassen, damit es sich in aller Ruhe mit seinem Käfig oder Gehege vertraut machen kann. Lärm und hastige Bewegungen sollten in seiner Nähe vermieden werden.

Anfangs ist es besser, noch kein Schlafhäuschen im Käfig aufzustellen. Ein Haufen Heu, unter dem es sich verkriechen und auch ein bißchen daran knabbern kann, dient ihm als Unterschlupf. Aus dem wird das Meerschweinchen seine neue Umgebung neugierig beobachten.

Hat es sich nach ein paar Tagen an all die neuen Geräusche und Gerüche gewöhnt, wird es erste Erkundungsgänge unternehmen. Nun ist die beste Zeit gekommen, das Tier an seinen neuen Pfleger zu gewöhnen.

Man trägt ein Meerschweinchen, indem man mit der einen Hand von unten unter die Brust faßt und mit der anderen Hand das Hinterteil abstützt. Dies ist für Kinder oft nicht einfach. Es muß ihnen von einem Erwachsenen gezeigt werden. Junge Meerschweinchen sind oft recht temperamentvoll und flink, ein Herunterfallen kann fatale Folgen für das Tier haben, und auch zu festes Drücken kann schwerwiegende Verletzungen nach sich ziehen.

Niemals darf man versuchen, ein Meerschweinchen an den Beinen oder am Nackenfell hochzuheben!

Hat man das Tier also auf den Arm genommen, kann es sich mit dem Geruch und der Stimme des neuen Pflegers vertraut machen. Ein paar beruhigende Worte und ein Leckerbissen, wie ein Blatt Löwenzahn oder ein Stückchen Salatgurke, werden es bald seine anfängliche Scheu vergessen lassen. Etwas Geduld gehört immer dazu. Wer sich täglich mit seinen Meerschweinchen beschäftigt, wird bald mit einem Begrüßungskonzert empfangen werden, sobald er den Raum betritt.

Wenn sich das Meerschweinchen außerhalb seines Käfigs aufhält, muß es beaufsichtigt werden. Freiliegende Elektrokabel müssen hochgenommen oder versteckt werden. (Papprollen von Küchen- oder Toilettenpapier können dabei kurzfristig gute Dienste leisten.) Manche

Tiere sollen eine Vorliebe für das Zernagen von Tapeten, Büchern oder Teppichen entwickeln, und nicht selten kommt es vor, daß ein Meerschweinchen aus Unachtsamkeit getreten oder in der Tür eingeklemmt wird. Auch setzt man ein Meerschweinchen niemals auf einen Tisch oder ähnliche Gegenstände, der geringste Anlaß, wie ein Niesen, kann es vielleicht in Panik versetzen, und ein böser Sturz kann die Folge sein. Jede plötzliche Veränderung der Umgebung beantwortet das Tier mit Angstreaktionen. Es bleibt bewegungslos sitzen.

Kinder und Meerschweinchen

Für ältere Kinder ab etwa 10 Jahren kann ein Tier ein guter Freund sein, von dem sie viel für ihr späteres Leben lernen können. Zum Beispiel die Bedürfnisse eines anderen Lebewesens zu respektieren und verantwortungsbewußtes Denken.

Niemals darf man Tiere als Spielzeug betrachten. Auch kann man sie nicht einfach einmal für ein paar Tage in die Ecke stellen, wenn man gerade einmal keine Lust hat, sich mit ihnen zu beschäftigen, oder gar seine Launen an ihnen auslassen.

Haltung

Da Meerschweinchen aus einer Gegend stammen, in der ein anderes Klima herrscht (höhere, kaum schwankende Jahresdurchschnittstemperatur, wenig Niederschläge und viel Sonne) als in unseren Breiten, sind sie für die Haltung im Freien nur bedingt geeignet.

Über die Sommermonate kann man sie recht gut im Garten halten. In der übrigen Jahreszeit benötigen sie jedoch einen möglichst heizbaren Stall, da sie sich bei Temperaturen unter zehn Grad nicht mehr wohl fühlen. Im Gegensatz zum europäischen Kaninchen können sich Meerschweinchen nicht so gut auf das nordeuropäische, naßkalte Wetter einstellen. Sie entwickeln je nach Rasse kaum Winterfell.

Auch macht ihnen große Hitze zu schaffen. Daher ist es unbedingt notwendig, im Außengehege für einen Schattenplatz zu sorgen. Bei Temperaturen über 25 Grad muß man die Tiere beobachten, gegebenenfalls ins kühlere Haus holen.

Auch sind Autofahrten bei sommerlichen Temperaturen nur morgens und abends vertretbar, wenn man die Gefahr eines Hitzschlages vermeiden will. Dies ist beim Kauf und Verkauf von Tieren und erst recht beim Versand (der leider immer noch erlaubt ist) zu berücksichtigen.

Für viele Tierliebhaber, die sich, aus welchen Gründen auch immer, entschlossen haben, Meerschweinchen als Haustiere zu halten, kommt eine reine Außenhaltung schon allein deshalb nicht in Frage, weil sie den engen Kontakt zu ihren Tieren wünschen. Die Freude am Umgang mit wirklich zahmen Tieren, das Erkennen des individuellen Charakters eines jeden Tieres und seines dementsprechenden Verhaltens, das Beobachten ihres Zusammenlebens – vielleicht in einer Meerschweinchenfamilie (sie haben sich ja immer so viel zu erzählen) – und kleine „Intelligenztests" lassen weder beim Tier noch beim Menschen Langeweile aufkommen.

Wo keine weiteren Tiere wie z. B. Katzen im Haushalt leben, fühlen sich die Meerschweinchen im geräumigen Zimmergehege sicher sehr wohl.

Der ideale Standort des Käfigs für „Familienmeerschweinchen" ist zum Beispiel die Diele. Hier können sie das ganze Treiben in der Familie gut überblicken und melden sich auch selbst zu Wort, wenn sie der Meinung sind, daß es einmal wieder Zeit für ein nettes Gespräch, ein paar Streicheleinheiten oder einen Leckerbissen wäre. Sicherlich gibt es auch andere ideale Standorte, sofern sie frei von Zugluft und Lärm sind.

Ein einsamer Raum ist ungeeignet, da Meerschweinchen auf alles Ungewohnte, besonders unbekannte Geräusche, heftig reagieren. Entfernt man solche reizarm gehaltene Tiere aus ihrem gewohnten Lebensraum, um sich mit ihnen anderswo zu beschäftigen, reagieren sie mit Schreckhaftigkeit und deutlichen Anzeichen von Streß. Überhaupt läßt sich eine gewisse Scheu bei reizarm gehaltenen Tieren nicht vermeiden.

Der Käfig sollte so groß wie möglich gewählt und erhöht aufgestellt werden. Er soll mindestens 80 × 45 Zentimeter Grundfläche haben. Empfehlenswert sind Käfige mit 100 × 50 Zentimeter oder 80 × 80 Zentimeter Fläche. Diese Größe trägt nicht nur zum Wohlbefinden des Meerschweinchens bei, auch für den Besitzer ist es wesentlich angenehmer, wenn der Käfig nur einmal wöchentlich, anstatt alle paar Tage, gereinigt werden muß.

Die Bodenschale des Käfigs sollte aus Kunststoff bestehen. Eine solche Schale läßt sich gut durch Auswaschen mit heißem Wasser reinigen und auch desinfizieren. Der Rand dieser Bodenwanne soll mindestens 18 bis 20 Zentimeter hoch sein. Ist der Rand zu flach, fliegt das Einstreumaterial heraus, sobald sich das Meerschweinchen schneller bewegt.

Ein Holzkäfig ist ungeeignet, da er schnell von Urin durchtränkt wird und dann fürchterlich stinkt. Zudem läßt sich eine solche Behausung kaum desinfizieren.

In einem Aquarium hat ein Meerschweinchen eigentlich nichts zu suchen. Die Glaswände verhindern den ständigen Kontakt zwischen Tier und Halter. Zudem kommen Streicheleinheiten und Lekkerbissen immer nur von oben aus einer für das Meerschweinchen ganz unnatürlichen Perspektive. Ich hatte bisher immer den Eindruck, als seien solche Tiere auch scheuer als „normal" gehaltene Meerschweinchen.

Zudem ist die Luftzirkulation in so einem Glaskasten sehr schlecht, so daß die Schadgaskonzentration zu Atemwegserkrankungen führen kann. Das Schadgas Ammoniak entsteht, sobald Kot und Harn mit der Umgebungsluft in Berührung kommen und sich zersetzen. Da Ammoniak schwerer ist als Luft, bildet sich am Boden des Aquariums ein Gas-See, während das Gas aus einem Käfig entweichen kann.

Ein großer, artgerechter Käfig ist nicht gerade billig. Aber abgesehen von der Bewegungsfreiheit, die das Meerschweinchen unbedingt braucht, kann es auch für den Besitzer keine Freude sein, ständig und umständlich die Einstreu wechseln zu müssen. Die allein mit dieser unnötigen, zusätzlichen Arbeit verbrachten Stunden – man kann sie sich ja einmal über ein Jahr oder ein Meerschweinchenleben von etwa 8 Jahren ausrechnen – stehen in keinem Verhältnis zu den vielleicht gesparten 30 oder 40 Mark.

In einigen Büchern ist zu lesen, daß sich ein Meerschweinchen in einem Käfig mit den Maßen 60×30 Zentimeter wohl fühlen soll. Dies erinnert mich an Batteriehühnerhaltung und Kälbermast...

Als Käfigeinrichtung sollte für jedes Tier ein Häuschen als Unterschlupf vorhanden sein. Praktisch ist eine umgestülpte Kiste ohne Bodenteil, deren Vorderwand offen ist. Als Maße können etwa $30 \times 15 \times 15$ Zentimeter angenommen werden. Das Dach wird von den Tieren gern als Ausguck benutzt. Man kann auch eine Art Balkon mit einer kleinen Treppe in das Käfiggitter einhängen. Der Raum darunter wird auch gerne als Schlafplatz genutzt.

Zur Inneneinrichtung gehört außerdem eine Trinkflasche mit einem Kugelverschluß. Diese Flaschen tropfen kaum, und der Käfig bleibt trocken.

Als Futternapf ist eine schwere, glasierte Tonschale mit breitem Boden geeignet. Normale Schüsseln oder Plastikgefäße können nicht verwendet werden, da sie zu leicht kippen.

Im Zoohandel findet man eine große Auswahl an Käfigen und Zubehör. Dieses Angebot sollte man auf jeden Fall nutzen. Alles Provisorische macht den Tieren und dem Besitzer das Leben nur unnötig schwer.

Eine weitere Variante eines geräumigen Zimmergeheges

Wenn das Meerschweinchen sein Futter aus der Einstreu suchen muß und sein Pfleger mehrmals täglich das verunreinigte Wasser beziehungsweise die durchnäßte Einstreu erneuern muß, ist das für beide Teile sicher kein Vergnügen.

Ich habe bei meinen Angora-Meerschweinchen mit einer dicken Lage Zeitungspapier als Unterlage und Haferstroh als Einstreu die besten Erfahrungen gemacht. Unbehandelte Hobelspäne sind bei kurzhaarigen Tieren ebenfalls als Einstreu zu empfehlen. Ungeeignet sind Torf und Sägespäne. Abgesehen von dem damit verbundenen Staub, verschmutzt beides recht schnell, und das Fell der Tiere sieht dementsprechend aus.

In den Sommermonaten ist ein auf der Wiese versetzbares Gartengehege ideal. Die Größe richtet sich nach der Anzahl der gehaltenen Tiere, soll jedoch mindestens einen Quadratmeter betragen. Die Maschenweite des Drahtgitters sollte nicht größer als 1,5 Zentimeter sein, eine Abdeckung ist erforderlich. Ein solches Gartengehege sollte immer im Schatten stehen. Ist ein witterungsbeständiges Schutzhäuschen vorhanden – Größe und Einrichtung wie der Wohnungskäfig – und der Auslauf vor Regen, Katzen,

Greifvögeln und anderen „Räubern" geschützt, können die Tiere auch nachts draußen bleiben.

Bei ganzjähriger Außenhaltung ist zu bedenken, daß man seine Tiere nicht einmal eben für eine Stunde ins geheizte Haus holen, um sich mit ihnen zu beschäftigen und dann wieder in die Kälte bringen kann. Eine Erkältung mit all ihren Folgen ist absehbar. Der Kontakt zu den Tieren wird auf das Reinigen der Ställe und die Fütterungszeiten beschränkt. Wer hat denn schon das Bedürfnis, bei Wind und Wetter Spielstunden abzuhalten oder mit klammen Fingern Streicheleinheiten zu verteilen?

Pflege

Vorausgesetzt, daß der Käfig regelmäßig gereinigt wird, ist eine spezielle Meerschweinchen-Pflege nicht erforderlich. Die Tiere sollten aber einmal wöchentlich gebürstet werden. Eine Bürste aus Naturborsten ist dazu ideal, da das Fell durch Kunststoffborsten

Außenansicht eines ganzjährig benutzbaren Schweinchenstalles

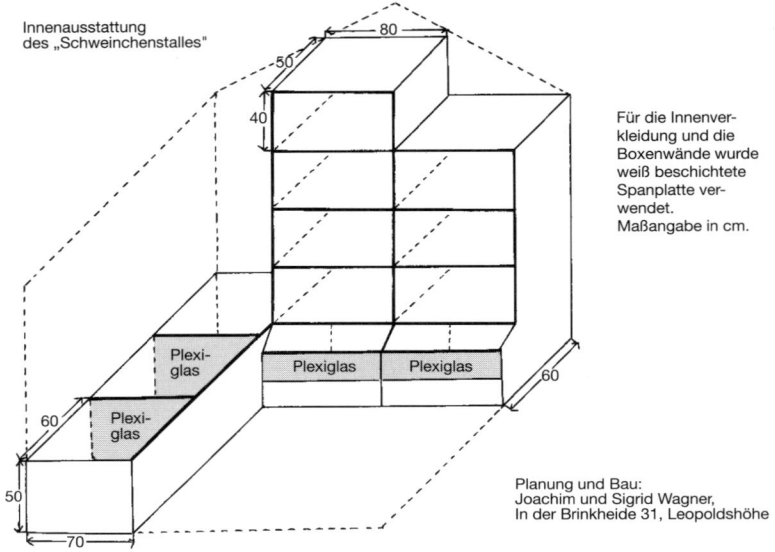

Innenausstattung
des „Schweinchenstalles"

80

50

40

Plexi-
glas

Plexiglas

Plexiglas

60

60

Plexi-
glas

50

70

Für die Innenver-
kleidung und die
Boxenwände wurde
weiß beschichtete
Spanplatte ver-
wendet.
Maßangabe in cm.

Planung und Bau:
Joachim und Sigrid Wagner,
In der Brinkheide 31, Leopoldshöhe

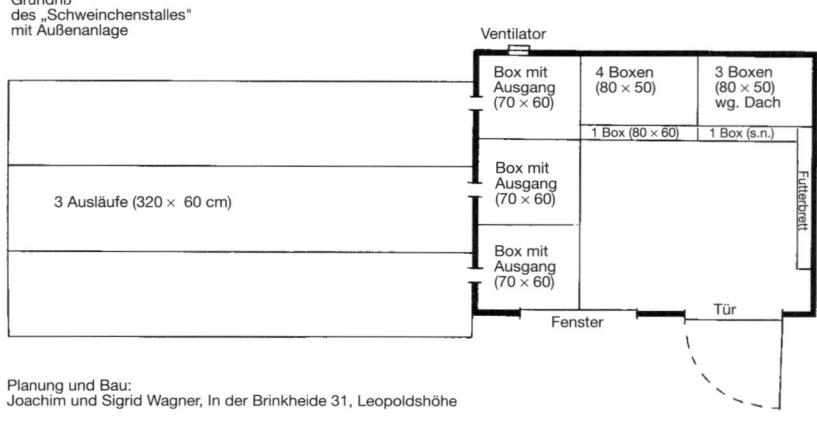

Grundriß
des „Schweinchenstalles"
mit Außenanlage

Ventilator

Box mit
Ausgang
(70 × 60)

4 Boxen
(80 × 50)

3 Boxen
(80 × 50)
wg. Dach

1 Box (80 × 60)

1 Box (s.n.)

3 Ausläufe (320 × 60 cm)

Box mit
Ausgang
(70 × 60)

Futterbrett

Box mit
Ausgang
(70 × 60)

Fenster

Tür

Planung und Bau:
Joachim und Sigrid Wagner, In der Brinkheide 31, Leopoldshöhe

Innenboxen
des Schweinchenstalles

Innenansicht der Auslaufboxen

elektrostatisch aufgeladen wird. Langhaarige Tiere wie die Angoras werden vor dem Bürsten vorsichtig mit einem grobzinkigen Kamm durchgekämmt. Ideal sind Kämme mit drehbaren Zinken.

Vernachlässigtes Fell, in dem sich Filzknoten gebildet haben, schneidet man vorsichtig *der Länge nach* auf und zupft es vor dem Kämmen mit den Fingern auseinander. Niemals sollte man Filzknoten einfach waagerecht abschneiden, da man diese unschönen kurzen Stellen im langen Fell noch nach Monaten sieht.

Übermäßiges Haaren, besonders während des Fellwechsels bei kurzhaarigen Tieren, läßt sich weitgehend vermeiden, indem man den Tieren während dieser Zeit häufiger die abgestorbenen Haare aus dem Fell bürstet. Langhaarige Tiere, wie die Peruanischen Meerschweinchen und die Peruanischen Seidentiere, haben keine Fellwechselperioden. Bei ihnen wächst das Haar kontinuierlich nach.

Will man bei diesen Tieren die volle Haarpracht erhalten, muß man verhindern, daß das Fell durch Schleifen am Boden, Scheuern an der Käfigeinrichtung oder durch gegenseitiges Anknabbern von Käfiggenossen beschädigt wird. Also wickelt man am besten die einzelnen Strähnen auf ein Baumwoll-Läppchen. Da diese Prozedur zudem noch Einzelhaltung erfordert, ist die Frage der Erhaltung der Haarpracht auch gleichzeitig eine Frage der Einstellung des Halters zu seinen Tieren. Es ist zu bedenken, daß sich bei längerer Einzelhaltung das Wesen auch dahingehend ändert, daß ein solches Meerschweinchen später schwer in eine Herde zu integrieren ist.

Für Zuchttiere kommt die Einzelhaltung ohnehin nicht in Frage, und auch bei Liebhabertieren ist es sinnvoller, das am Hinterteil auf dem Boden schleifende Fell etwas zu kürzen. Da Meerschweinchen die Eigenart haben, vor dem Urinieren erst einmal zwei Schritte rückwärts zu gehen, könnten sie sich bei zu langem Fell selbst beschmutzen.

Gebadet werden sollte ein Meerschweinchen nicht. Die Erkältungsgefahr ist recht groß. Wenn ein Meerschweinchen erst einmal erkältet ist, ist eine Lungenentzündung auch nicht mehr weit. Ist es doch einmal unumgänglich, muß das Tier nach dem Bad unbedingt warmgehalten werden, bis es ganz trocken ist.

Die Ohren sind ständig auf Sauberkeit zu kontrollieren, und die Krallen, eigentlich sind es Hufe, müssen regelmäßig (etwa alle drei

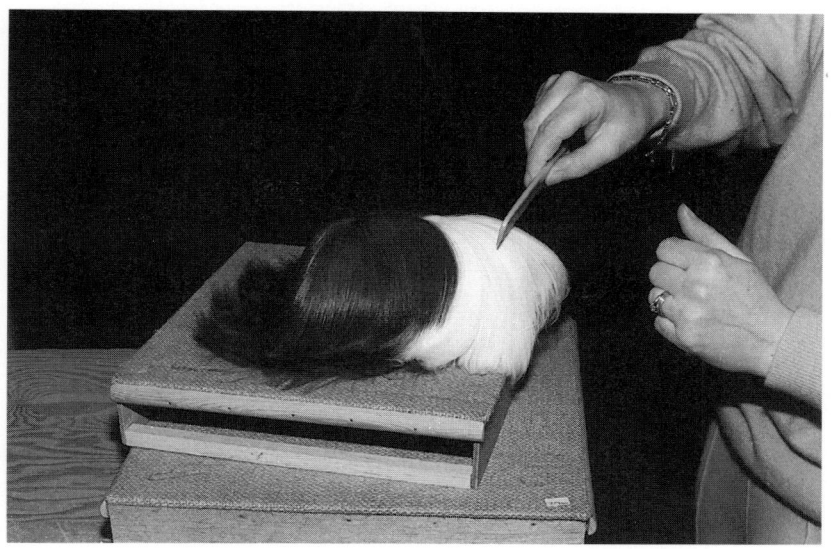
Letzte Ausstellungsvorbereitungen eines Angorameerschweinchens

Monate) geschnitten werden, da sie sich im Käfig nicht wie in freier Natur abnutzen können. Dafür gibt es im Fachhandel praktische Krallenzangen.

Am besten läßt man sich von seinem Tierarzt oder Züchter zeigen, wie diese Werkzeuge zu handhaben sind.

Bei hellen Krallen kann man bei genügend Licht deutlich den durchbluteten, fleischigen Innenteil der Kralle erkennen, der auf gar keinen Fall beschädigt werden darf. Bei dunklen Zehennägeln läßt man vorsichtshalber etwas mehr Horn stehen. Für den Fall, daß doch einmal zu weit geschnitten wurde, ist es ratsam, immer etwas blutstillende Watte (Eisenchloridwatte) im Haus zu haben, da solche Wunden nicht nur sehr schmerzhaft sind, sondern auch lange nachbluten.

Werden die Krallen nicht geschnitten, sind Verletzungen und Fehlstellungen der Füße die Folge, die dem Meerschweinchen ein recht beschwerdevolles Leben bereiten können.

Meerschweinchen haben für uns Menschen keinen unangenehmen Eigengeruch. Wenn der Käfig regelmäßig gereinigt wird, ist auch keine Geruchsbelästigung zu befürchten.

Ernährung

Meerschweinchen sind Pflanzenfresser. In freier Natur ernähren sie sich hauptsächlich von Gräsern und Blättern. Das ist auch bei unseren Hausmeerschweinchen zu beachten, denn nur ein artgerecht gefüttertes Tier kann gesund bleiben und ein hohes Lebensalter erreichen.

Als Grundlage für die Meerschweinchenfütterung und als sehr praktisch hat sich Meerschweinchenalleinfutter oder Kaninchenalleinfutter in Form von Pellets erwiesen. Damit bekommt ein Meerschweinchen alles, was es zu seinem Wohlbefinden braucht, noch dazu in der richtigen Zusammensetzung.

Auch ein Meerschweinchenfertigfutter, welches aus einer Körnermischung und Pellets, die hier aus gepreßtem Heu mit Vitaminzusatz bestehen, zusammengesetzt ist, eignet sich gut. Meerschweinchenfertigfutter hat den Nachteil, daß es einseitiger Ernährung Vorschub leisten kann, weil die Tiere manchmal nur bestimmte Bestandteile dieses Gemischs fressen und andere Teile liegenlassen. Das könnte über einen längeren Zeitraum hinweg eine Vitaminmangelerkrankung hervorrufen, obwohl oder gerade weil das Tier durch die mit Vorliebe verspeisten Sonnenblumenkerne oder Erdnüsse dick und rund erscheint, während die übrigen Rudelmitglieder den Rest fressen und ebenfalls nicht ausreichend mit allen lebensnotwendigen Nährstoffen versorgt sind.

Empfehlenswert ist ein Futter, welches 15–20 % Rohprotein, 15 % Rohfaser und 4 % tierisches Eiweiß enthält.

Nicht empfehlenswert sind Futtermittel mit grell orange oder giftgrün gefärbten Bestandteilen, die zwar beim menschlichen Betrachter ein gewisses Interesse hervorrufen, von den Meerschweinchen jedoch, ebenso wie harter Mais, verschmäht werden.

Körnerfutter sollte dosiert verabreicht werden, ungefähr zwanzig Gramm pro Tag und Tier. Während der Säugeperiode und Aufzucht auch etwas mehr.

Für welches Futter man sich auch entscheiden mag: Auf jeden Fall enthalten beide Futtermittel leider kaum oder viel zuwenig Vitamin C (unbedingt notwendig 20 mg/Tag/Tier), welches man dann zusätzlich über das Trinkwasser verabreichen sollte. Die Zugabe von etwa

100 mg Citronensäure pro 100 ml Trinkwasser sorgt für mehr Haltbarkeit, da Ascorbinsäure stark sauerstoffempfindlich ist.

Die erste Grundregel in der Meerschweinchenfütterung ist, daß alles Futter immer nur in frischem Zustand verfüttert werden darf. Auch beim Körnerfutter und den Pellets ist schon beim Kauf darauf zu achten, daß die Vitamine auch noch zu der Zeit vorhanden sind, wenn der Rest der Packung verbraucht wird. Wird überlagertes Futter verabreicht, können Mangelsituationen auftreten.

Die tägliche Futterration für ein Meerschweinchen könnte folgendermaßen aussehen:

Futterpellets zur freien Verfügung
eine Handvoll Gras, etwas Löwenzahn, eine mittelgroße Möhre
Heu zur freien Verfügung
Trinkwasser mit einer Messerspitze Ascorbin- und Citronensäure versetzt
einmal pro Woche hartes – nie verschimmeltes! – Brot zur Abnutzung der Nagezähne und als Kraftfuttergabe

Genaue Mengenangaben sind kaum zu machen, da sich der Tagesbedarf an der Größe des Tieres, seiner Aktivität, ob es trächtig ist oder Junge zu säugen hat, orientiert. Bei säugenden Tieren, und generell während der Wintermonate, hat sich die Zugabe von vitamin- und eiweißreichem Keimhafer oder Haferflocken bewährt.

Keimhafer wird wie folgt hergestellt: Die Haferkörner werden in einem flachen Gefäß mit lauwarmem Wasser übergossen, bis sie schwimmen, und an einen warmen Ort gestellt. Nach 24 Stunden wird das Wasser abgegossen. Der Hafer keimt nach ein bis zwei Tagen und ist am nährstoffreichsten, wenn die Keime etwa einen halben bis einen Zentimeter lang sind.

Eine ausschließliche Ernährung des Meerschweinchens mit Heu führt zu Skeleterkrankungen, da das Calcium-Phosphor-Gleichgewicht (2 :1) dadurch ungünstig verändert wird. Den Knochen und Zähnen wird das Calcium entzogen und Kalkablagerungen in inneren Organen, besonders in Magen, Darm und Leber sind die Folge.

Das gleiche passiert bei einer Überdosierung von Vitamin D. Vergiftungen treten bereits ab 10 000 I.E./kg Körpergewicht auf. Der Phosphorspiegel wird erhöht.

Lebertran kann die Antiskorbutwirkung des Vitamin C aufheben! Von der Zufütterung von Lebertran ist aus diesem Grund abzuraten. Außerdem ist zu beachten, daß Lebertran recht schnell ranzig wird – ungesättigte Fettsäuren zerstören nach längerer Lagerzeit das Vitamin E. Dies gilt auch für die unsachgemäße oder zu lange Lagerung von Getreide!

Da die Schilddrüse des Meerschweinchens sehr klein ist, reagieren die Tiere auf Jodzufuhr schnell mit Gewichtsabnahmen. Deshalb sollten Mineralstoffmischungen frei von Jodsalz sein.

Wasser, Heu und ein Salzleckstein müssen den Tieren immer zur Verfügung stehen. Gutes Heu erkennt man am angenehm würzigen Duft. Verregnetes Heu riecht muffig und ist oft von schimmeligen Partien durchsetzt.

Selbstverständlich darf Heu nur in einwandfreiem Zustand verfüttert werden.

Zusätzlich bekommen die Tiere *Saftfutter*. Das können Gras als Grundlage und zusätzlich Löwenzahn, Wegerich und andere Kräuter sein. Auch Möhren, Äpfel, Chicorée, Bananen und Rote Rüben sind empfehlenswert (siehe auch Vitamintabelle).

Besonders gern fressen Meerschweinchen Salatgurken und Melonen. Auch ein frischer Maiskolben mit allem Grün, der innen noch teigig weich ist, gilt als besonderer Leckerbissen. Schade ist, daß nicht alle Meerschweinchen Zitrusfrüchte mögen, auch Paprika wird im allgemeinen abgelehnt. Meine eigenen Tiere, die mit Vorliebe Clementinenstückchen fressen, sind da wohl eher eine Ausnahme.

Trotzdem sollte Obst und Gemüse, das reichlich Vitamin C enthält, bevorzugt angeboten werden. Blähendes Grünfutter, wie Salat, Kohl oder Klee, darf nur in kleinen Mengen gefüttert werden.

Krassen Futterwechsel sollte man auf jeden Fall vermeiden, da dies schwere Darmerkrankungen zur Folge haben kann. Soll der Futterplan umgestellt werden, ist es besser, das ungewohnte Futter

Abb. 9 Amerikanischer Schopf, Schwarz-Weiß; Bes. M. Hentschel, Gießen

Abb. 10 Amerikanischer Schopf, Gruppe in Gold und Safran (Mitte); Bes. R. Kornienko, Hammer

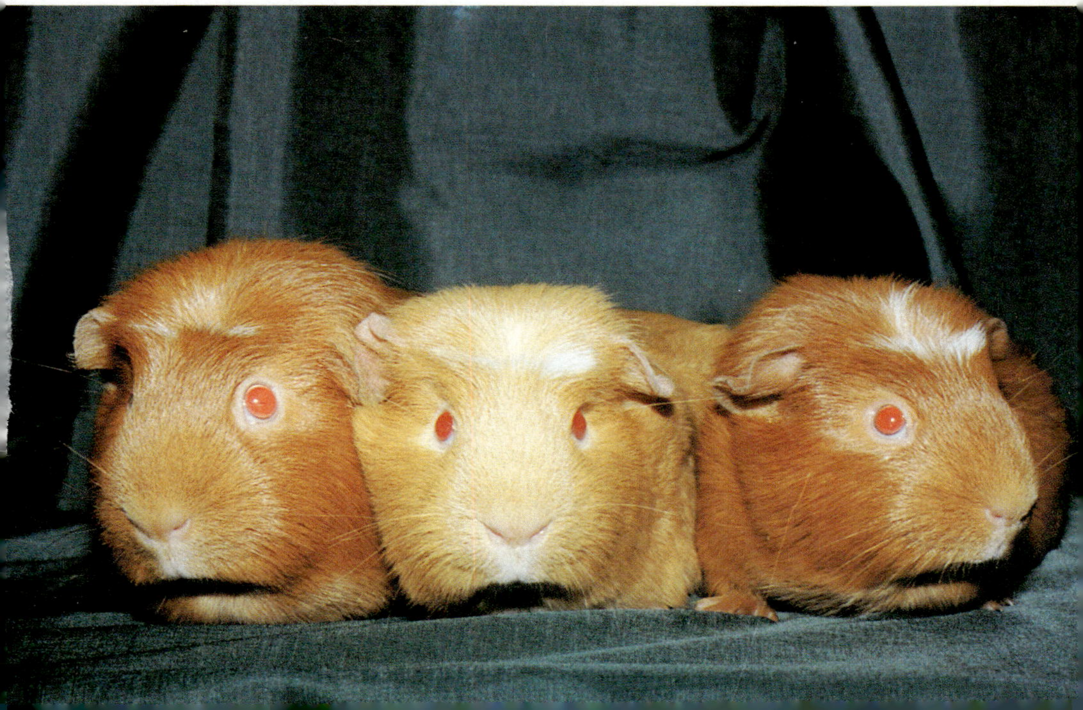

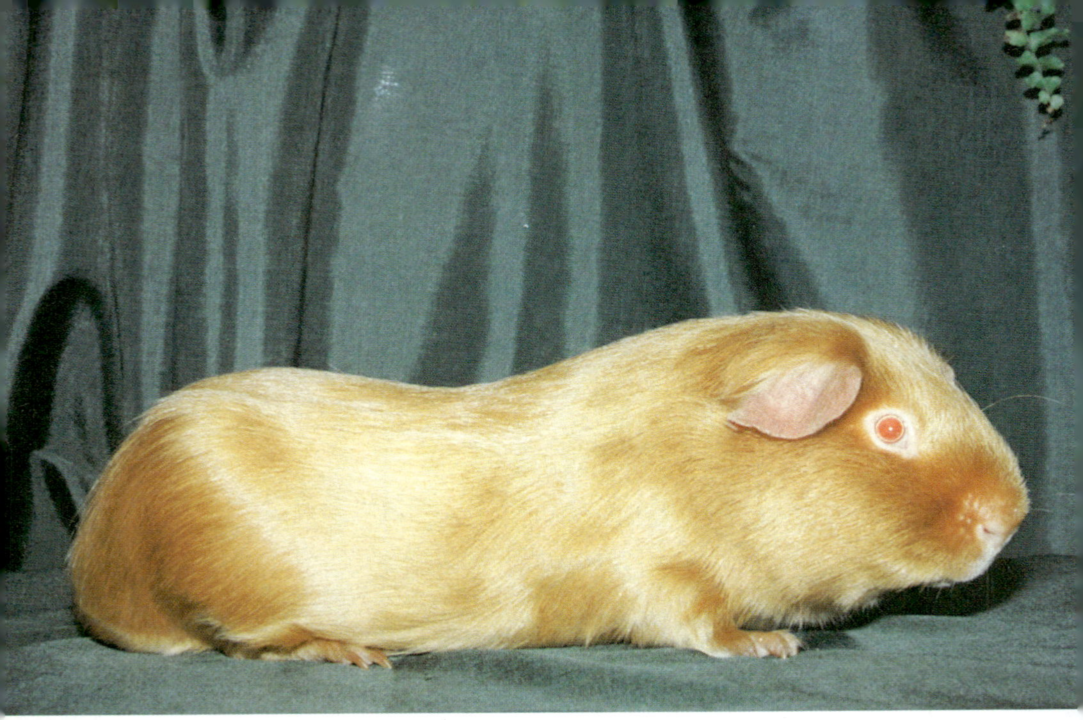

Abb. 11 Satin, Gold, Satinfaktor bewirkt besonderen Glanz; Bes. R. Kornienko, Hammer

Abb. 12 Rex, Silberagouti. Kraushaar durch Rezessivfaktor bedingt; Bes. E. Lösch, Bischofsheim

Abb. 13 Rosette, Buntschimmel, farbige Haare durch einzelne weiße ersetzt; Bes. R. Kornienko, Hamm

Abb. 14 Angora, Creme, Jungtier, Angoras tragen einen Scheitel; im Besitz der Autorin

Abb. 15 Angora, Dreifarbig; Bes. R. Kornienko/M. Täuber, Berlin

Abb. 16 Sheltie, Augen pink durch Palefaktor; Bes. M. Hentschel, Gießen

erst einmal ein paar Tage zusammen mit dem gewohnten zu verabreichen. Alternativ kann man kleine Mengen der neuen Kost mit reichlich Heu anbieten. Grünfutter wird nur in trockenem Zustand gegeben.

Vitamine spielen im Stoffwechsel eine wichtige Rolle. Einige kommen in der Natur als Vorstufen (Provitamine, die Vorstufe von Vitamin A ist das Carotin, auch Vitamin D entsteht aus Provitaminen) vor und werden erst im Körper in die wirksamen Formen umgewandelt. Die fettlöslichen Vitamine A, D, E und K werden in der Leber gespeichert und können bei Überdosierung ebenso Krankheiten hervorrufen wie bei Unterversorgung. Die wasserlöslichen Vitamine B und C werden bei Überangebot vom Körper wieder ausgeschieden.

Die Dosierung des verwendeten Vitaminpräparats ist deshalb genau zu beachten, auch beim Vitamin C, da ein Überangebot zu einer starken Belastung der Nieren führt.

Vitamin- und Futtertabelle

Vitamin	enthalten in	Mangelerscheinungen
A	Möhren, Gurken, Löwenzahn, Petersilie, Rote Bete, Haferstroh, Grün- und Fertigfutter (frisch)	Bewegungsunlust, Krämpfe, Lähmungen, Atemnot, Hauterkrankungen, Wachstumsstörungen
B	Möhren, Rote Bete, Löwenzahn, Weizenkeime, Hafer, Grün- und Fertigfutter (frisch)	Haarausfall, Darmerkrankungen, Blutarmut, Lähmungen, Krämpfe, Wachstumsstörungen
C	Möhren, Löwenzahn, Blätter von Johannis-, Brom- und Himbeeren, Petersilie, Rote Bete, Gurken, Brennesseln, Blumenkohlblätter, Mandarinen, Kiwis, Grünfutter (frisch)	Anfälligkeit gegenüber Infektionskrankheiten, Erkältungen, innere Blutungen, Zahnfleischentzündungen, Bewegungsstörungen, wenig Widerstandskraft
D	Möhren, Heu, Brennesseln, Haferstroh, Körnerfutter, Grün- und Fertigfutter	Rachitis ist beim Meerschweinchen nur sehr selten festzustellen. Eher kommt es durch eine Überdosierung von Vitamin D (z. B. Lebertran!) zu einer Entkalkung der Knochen
E	Möhren, Weizen, frisches Körnerfutter, Fertigfutter	Wachstumsstörungen, Unfruchtbarkeit, Absterben der Jungen im Mutterleib, Gleichgewichtsstörungen, Lähmungen
K	Mais, Möhren, Grün- und Fertigfutter	Darmerkrankungen, Nasenbluten

Wesen und Verhalten des Meerschweinchens

Meerschweinchen sind recht gesellige Tiere. Ihre Verhaltensweisen sind auf das Zusammenleben im Rudel ausgerichtet. Neben angeborenen Instinkthandlungen müssen jedoch viele Erfahrungen erst individuell gemacht werden. Das heißt, daß junge Meerschweinchen eine Menge lernen müssen. Der Geruchssinn spielt dabei eine große Rolle, wie auch später bei den erwachsenen Tieren. Die Jungen lernen von ihrer Mutter und von anderen Tieren im Rudel wie und was man frißt, wie man aus der Flasche trinkt, und auch das Werbeverhalten wird schon fleißig geübt. Balzübungen kann man besonders in der dritten Lebenswoche beobachten. Mutter oder Vater schreiten gemessenen Schrittes, wiegen unter gurrenden Lauten ihr Hinterteil von einem Bein auf das andere tretend, und bald machen es die Jungtiere ihnen nach.

Hält man nur Weibchen, egal in welchem Alter, zusammen, zeigen die rangniedrigen Tiere dieses Verhalten ebenfalls. Das deutet daraufhin, daß es sich nicht nur um ein rein sexuelles Werbeverhalten handelt, sondern auch als beschwichtigendes Entspannungsritual eingesetzt wird.

Jungtiere laufen und springen gern. Ihre übermütigen Luftsprünge aus dem Stand, womöglich noch mit einer Drehung in der Luft, können eine beträchtliche Höhe erreichen. Das scheint wiederum auch auf die älteren, erwachsenen und sogar hochtragenden Tiere ansteckend zu wirken. Denn es kommt oft vor, daß plötzlich alle Tiere, auch in den benachbarten Käfigen, lustig und fröhlich durcheinanderspringen. Das kann man besonders dann beobachten, wenn man die Tiere gerade mit frischem Heu versorgt hat.

Meerschweinchen lernen schnell verschiedene Töne, Geräusche oder Rufe voneinander zu unterscheiden. Auch untereinander sind sie recht gesprächig und haben sich immer eine Menge zu erzählen. Die erstaunlich große Vielfalt der verschiedenen Lautäußerungen ist bei Jungtieren noch nicht so ausgeprägt wie bei den erwachsenen Meerschweinchen.

Eine Mutter mit Jungen erinnert an eine Hühnerglucke mit Küken, da sie ständig glucksende Laute von sich gibt, während ihre Babys bei jedem Schritt, den sie tun, ebenfalls ähnliche, jedoch höhere Töne von sich geben.

Dies ist sicherlich eine sehr weise Einrichtung der Natur, da sich die Familie durch ständigen Hörkontakt nicht so schnell im hohen Gras verlieren kann. Im Gänsemarsch folgen die Jungtiere auch anderen Weibchen und Böcken.

Der Zusammenhalt zwischen Wurfgeschwistern untereinander scheint größer zu sein als der zwischen Mutter und Kind. Vielleicht liegt das daran, daß die Säuglinge als Nestflüchter keiner so intensiven mütterlichen Pflege bedürfen, wie es sonst bei Säugetieren der Fall ist.

Das Zähnewetzen gilt als Zeichen äußerster Erregung oder starker Aggression. Eine weitere Drohgebärde ist das Präsentieren der Schneidezähne. Unter verfeindeten Tieren geht das Zähnewetzen einem bevorstehenden Kampf voraus.

Die Kämpfe *befeindeter* Böcke sind keineswegs harmlos, sondern werden erbittert mit den Zähnen ausgetragen. Auch bei Weibchen untereinander ist Zähnewetzen ein Erregungszeichen, dem, falls keines nachgibt, ein heftiger Kampf folgen kann. Erwachsene Männchen sind gegenüber Weibchen äußerst friedfertig, auch wird selten beobachtet, daß ein Weibchen ein Männchen jagt oder bedroht.

Es ist nicht ratsam, erwachsene, gleichgeschlechtliche Tiere, die sich nicht kennen, in einem beengten Raum ohne ausreichende Fluchtmöglichkeiten für das unterlegene Tier zusammenzusperren. Dies gilt nicht nur für Meerschweinchen, sondern für die meisten Tiere wie auch für Katzen oder Hunde untereinander.

Erwachsene Weibchen gewöhnen sich leichter aneinander als erwachsene Böcke. Wenn ein Bock bisher nur in Einzelhaltung oder mit Weibchen zusammengelebt hat, war es ihm nicht möglich, das Verhalten gegenüber Geschlechtsgenossen zu erlernen.

Es ist deshalb eine Frage der Haltung, ob sich später Böcke gut oder gar nicht miteinander vertragen. Werden fremde Böcke zusammengesetzt, sollten während des Kennenlernens selbstverständlich keine, womöglich noch brünstigen Weibchen im selben Raum sein. *Entgegen einer weit verbreiteten Meinung vertragen sich Böcke untereinander recht gut*, wenn man ihr Sozialverhalten berücksichtigt.

Die Tiere müssen langsam aneinander gewöhnt werden, bevorzugt an einem Ort, der beiden fremd ist und Fluchtmöglichkeiten bietet.

Haben sich die Tiere ausreichend beschnuppert, vielleicht sogar eine besonders leckere Mahlzeit gemeinsam eingenommen, und es sind keine Beißversuche aufgetreten, kann man es nach etwa zwei Stunden wagen, sie in einen frisch gereinigten, mit veränderter Inneneinrichtung versehenen Käfig zu setzen. Die Neueinrichtung wird das schon länger im Haushalt lebende Tier verunsichern, und es wird sein Heimrecht nicht so sehr verteidigen.

Jungtiere vertragen sich untereinander eigentlich immer. Setzt man ein junges, noch nicht geschlechtsreifes Meerschweinchen – egal welchen Geschlechts – zu einem erwachsenen Bock, wird sich dieser sehr interessiert zeigen und keineswegs aggressiv verhalten. Die beiden werden oft die besten Freunde. Ich habe einen Angorabock, der sogar Geburtshilfe leistet und beim Trockenlecken der Neugeborenen hilft – was ich im übrigen auch bei befreundeten Weibchen des öfteren beobachten konnte.

Weibliche Tiere reagieren auf einen jungen Neuankömmling nicht ganz so freundlich, sie verhalten sich etwas streithafter, aber Komplikationen sind auch hier nicht zu erwarten.

Man kann also einen Bock mit mehreren Weibchen in einem größeren Käfig oder Auslauf zusammenhalten, niemals jedoch mehrere Böcke *mit* Weibchen, es sei denn das Gehege ist wirklich groß genug und ihr Sozialverhalten wurde nicht durch die bisherige Haltungsweise gestört.

Männliche Meerschweinchen werden etwas größer als weibliche Tiere. Sie verhalten sich ruhiger und sind sehr menschenbezogen.

Es gibt keinen Grund, die Haltung von zwei oder mehreren Bökken als Familientiere abzulehnen.

Erwachsene Weibchen fühlen sich außerhalb der Brunst oft von den Böcken belästigt. Abwehrende Verhaltensweise sind Fiepen, Schnauzeheben und Abwehrharnen. Fremde Männchen werden von den Weibchen dagegen besonders intensiv beschnuppert.

Meerschweinchen verfügen über ein erstaunlich gutes Hörvermögen. Die Schnecke des Innenohrs weist vier Windungen auf (beim Menschen sind es nur zweieinhalb), dadurch können Meerschweinchen noch wesentlich höhere Töne wahrnehmen als Menschen.

Die Tiere orientieren sich sehr stark über das Gehör. Stimmfühlungskontakte, glucksende Laute, durch die sich die Rudelmitglieder bei fehlendem Sichtkontakt verständigen, vermitteln gleichzeitig die Gewißheit, daß keine Gefahr besteht. Auf einen quiekenden Warnruf eines Meerschweinchens reagiert das ganze Rudel mit Flucht oder Schreckstarre.

Der Mensch wird von seinem Meerschweinchen mit lautem, pfeifendem Quieken begrüßt. Ein solches Begrüßungskonzert wird besonders gern dann angestimmt, wenn irgendwelche Geräusche, mögen sie auch noch so leise sein, im Zusammenhang mit Fütterungsvorbereitungen stehen oder auch nur vage darauf hindeuten, daß es etwas zu fressen geben könnte. Das Schälen einer Mandarine oder Banane kann schon Auslöser sein.

Meerschweinchen können Farben sehen. Ihr großer Gesichtskreis ermöglicht ihnen das frühzeitige Erkennen von Feinden.

Bei der Nahrungsaufnahme spielt der Geruchssinn eine besonders große Rolle, er dient vor allem der Nahrungssuche. Unbekanntes Futter wird nicht etwa gleich gefressen. Erst nach einer ausgiebigen Geruchsprobe wird der Geschmack getestet. Süßes Futter wird bevorzugt, bitteres toleriert. Saures mögen Meerschweinchen ganz und gar nicht. Haben sie einmal ein Stück Mandarine erwischt, das etwas saurer als gewohnt ist, können sie die tollsten Grimassen schneiden. Man kann nur staunen, wie beweglich so ein Meerschweinchengesicht sein kann.

Meerschweinchen fressen gelegentlich ihren Blinddarmkot, um sich mit Vitaminen des B-Komplexes zu versorgen. Diesen ganz natürlichen und lebensnotwendigen Vorgang nennt man Zökotrophie (lat. coecum = Blinddarm, griech. trophe = Nahrung).

Meerschweinchenmütter unterhalten sich mit ihrem ungeborenen Nachwuchs schon etwa zwei Wochen vor der Geburt mit glucksenden Lauten. Wenn diese Laute plötzlich ausbleiben, kann man davon ausgehen, daß die Jungen im Mutterleib, aus was für Gründen auch immer, abgestorben sind und eine Totgeburt zu erwarten ist.

Schon einige Tage vor der Geburt kann man leise Geräusche des ungeborenen Nachwuchses aus dem Mutterleib wahrnehmen. Es hört sich an, als würden die Jungtiere ihre Zähne aneinander reiben. Die Geräusche ähneln denen von schlüpfenden Küken, die sich mit ihrem Eizahn aus der sie umgebenden Eihülle befreien.

Einer der seltensten Laute, die Meerschweinchen von sich geben, hört sich an wie „Vogelzwitschern". Es ist fast ausschließlich in der Dämmerung oder nachts zu hören. Nur ein Tier der Gruppe gibt diese Töne von sich, während die übrigen sofort wie erstarrt dasitzen und gebannt lauschen. Die Meinungen darüber, was dieses „Zwitschern" bedeuten könnte, gehen auseinander.

Während manche Beobachter eine Unsicherheits- oder Konfliktsituation zu erkennen glauben, vermuten andere, daß es sich um einen Warnlaut handeln könnte. Es scheint sich jedenfalls nicht um eine Äußerung von Angst oder Unbehagen zu handeln.

Bei meinen Meerschweinchen zwitscherte jahrelang und unabhängig von der Rangordnung immer nur das Weibchen, welches gerade trächtig war. Und zwar genau in der Zeit, wenn die ungeborenen Jungtiere im Mutterleib ihre ersten Bewegungen machten. Als ich schon glaubte, dem Geheimnis auf der Spur zu sein, hörte ich erstmals einen jungen Bock, der mit einem älteren, ranghöheren Bock in einem Käfig zusammenlebte, diese Laute von sich geben. Im Käfig nebenan befand sich ein Weibchen in der genannten Trächtigkeitsphase, das ruhig blieb.

Später hatte ich ein Männchen, welches immer nur dann zwitscherte, wenn das Weibchen, mit dem es vergesellschaftet war, etwa die Mitte der Tragzeit überschritten hatte, während es in der übrigen Zeit, wie alle anderen Böcke, die ich bisher hatte, keine derartigen Töne von sich gab.

Sicher handelt es sich bei diesen Beobachtungen um Zufälle, die aber doch nicht ganz bedeutungslos sein können.

Es ist sicher nicht gut, ein Meerschweinchen allein zu halten, zumal die Haltung zweier Tiere kaum mehr Arbeit macht und kaum mehr Platz in Anspruch nimmt. Einzeln gehaltene Jungtiere gedeihen lange nicht so gut und wachsen wesentlich langsamer als in Gesellschaft gehaltene Meerschweinchen. Tiere, die über längere Zeit allein gehalten wurden, sind später schwer in die Herde zu integrieren.

Ein Kleinrudel ist auch für uns Menschen wesentlich interessanter zu beobachten als ein die meiste Zeit des Tages schlafendes, fressendes und gelangweiltes Einzeltier. Viele Meerschweinchenhalter wissen gar nicht, was sie alles versäumen.

Fortpflanzung und Geburt

Hat man sich entschlossen, Meerschweinchen zu züchten, so sollte man sich auch darüber im klaren sein, daß man nicht alle Jungtiere behalten kann und sich schon frühzeitig um geeignete Plätze für den Nachwuchs kümmern muß. Dies erfordert auch eine gewisse Einschränkung bei der Anzahl der zu haltenden Zuchttiere.

Meerschweinchen aus Massenzuchten sind oft sehr scheu und schreckhaft, weil ihnen der notwendige Kontakt zu den Menschen vorenthalten wurde. Manche Züchter betrachten ihre Weibchen als Zuchtmaschinen. Sie werden noch beinahe als Babys gedeckt oder müssen ohne Ruhepause einen Wurf nach dem anderen bekommen. Dabei dürfte es jedem klar sein, daß solche Tiere nicht alt werden können und oft Kümmerlinge zur Welt bringen.

Vergleicht man Meerschweinchen aus Massenbetrieben mit solchen aus verantwortungsbewußten Zuchten, so fällt sofort der doch beachtliche Größenunterschied auf. Kleinwüchsigkeit und rattenähnliches Aussehen läßt sich vermeiden, wenn man nur normal entwickelte Tiere mit bester Kondition zur Zucht verwendet.

Ein Meerschweinchenbock kann eventuell schon mit zwei Monaten geschlechtsreif werden, ein weibliches Tier sogar schon mit einem Monat. Meerschweinchenzüchter benötigen also viel Platz, um den Nachwuchs unterzubringen.

Der beste Zeitpunkt, um sein Meerschweinchenweibchen zum ersten Mal decken zu lassen, ist mit fünf Monaten oder wenn das Tier etwa 700 Gramm schwer ist. Es sollte noch nicht ausgewachsen, also höchstens 10 Monate alt sein, da bei älteren Tieren, die zum erstenmal werfen, mit Komplikationen zu rechnen ist.

Zwei Würfe sollte ein Weibchen in einem Jahr haben. Der Abstand zwischen zwei Geburten darf auch nicht zu groß sein, da sonst ebenfalls mit Komplikationen während der Geburt gerechnet werden muß.

Mehr als 3 Würfe im Jahr, und dies auch nur bei bester Kondition, darf man seinen Zuchtweibchen nicht zumuten.

Möchte man nur gelegentlich Nachwuchs, seinen Tieren aber eine monatelange Trennung nicht zumuten, kann man durch Notieren des Brunstzyklus des Weibchens, der 16 bis 18 Tage beträgt, durchaus

„Familienplanung" betreiben. Da ein Meerschweinchenweibchen nur für jeweils 24 Stunden brünstig ist und sich davon auch nur für einige Stunden deckbereit zeigt, reicht eine 3- bis 4tägige Trennung vom Bock aus. Wer überhaupt keinen Nachwuchs möchte, läßt seinen Bock am besten kastrieren, da die Trennungsmethode auf Dauer nicht einhundertprozentig sicher ist.

Bei der Werbung wird der Bock das Weibchen gurrend und mit schaukelnden Bewegungen, abwechselnd von einem Hinterbein auf das andere tretend, mit langsamen Schritten umkreisen. Bis zur Brunst wehrt das Weibchen den Bock heftig ab, dabei gibt es höchste Töne von sich, und manchmal bespritzt es ihn auch mit Harn.

Erst wenn der richtige Paarungszeitpunkt gekommen ist, legt sich das Weibchen auf den Bauch und hebt das Hinterteil. Damit ein hochbrünstiges Weibchen befruchtet wird, muß es mehrmals gedeckt werden. Dies geht alles recht laut und turbulent vor sich, so daß man es eigentlich nicht verpassen kann.

Meerschweinchenweibchen, die zum ersten Mal gedeckt werden sollen, wehren den Bock oft heftig ab. Ich habe es aber auch schon erlebt, daß ein solches „jungfräuliches" Tier nach dem ersten Deckakt den Bock immer wieder lautstark mit hochgerecktem Hinterteil zu weiteren Paarungen aufforderte, bis er schließlich erschöpft aufgab.

Die Vagina ist außerhalb der Brunst durch eine Vaginalmembran fest verschlossen. Eine Begattung ist deshalb außerhalb der Brunst nicht möglich. Ein Scheidenpfropf, der aus der Samenflüssigkeit des Männchens gebildet wird, fällt wenige Stunden nach der erfolgten Begattung ab. Das befruchtete Ei wandert in sechs Tagen zur Gebärmutter, wo es sich in die Gebärmutterschleimhaut einnistet (Nidation).

Die Schambeinfuge lockert und verbreitert sich bereits im letzten Trächtigkeitsdrittel und hat kurz vor der Geburt ein Ausmaß von etwa 1,5–2 Zentimeter erreicht. Gleichzeitig werden die Hüftbeine in den Kreuzgelenken lockerer, wenn die Geburt bevorsteht.

Eine Meerschweinchenmutter trifft keinerlei Geburtsvorbereitungen. Sie baut auch kein Nest, wie man es vom Kaninchen kennt.

Nach langer Tragzeit, die normalerweise 68 (64–70) Tage dauert, werden die Jungen voll behaart, mit geöffneten Augen und bereits gewechseltem Milchgebiß geboren. Die Milchzähne werden im

Mutterleib vollkommen resorbiert. Die Mutter nimmt bei der Geburt nach ein paar Umdrehungen um die eigene Achse eine hockende Stellung ein. Nachdem sie ihre Jungen von den Eihäuten befreit und abgenabelt hat, beginnt sie mit dem Trockenlecken des Fells.

Da die Meerschweinchen bei ihrer Geburt im Verhältnis zur Mutter gesehen doch recht groß sind, ist es immer wieder erstaunlich, daß der ganze Vorgang doch recht schnell und relativ unblutig vonstatten geht. Die Jungen kommen im Abstand von etwa fünf bis zehn Minuten zur Welt, und nach einer halben Stunde ist meistens schon alles vorbei.

Das Weibchen wird schon nach zwei bis dreizehn Stunden wieder brünstig. Da eine erneute Trächtigkeit das Tier während der Säugephase stark belasten würde, sollte es besser vom Bock getrennt werden.

In den nächsten zehn bis zwölf Tagen bildet sich das Becken zurück, und die Schambeinfuge schließt sich wieder.

Nach dem 74. Trächtigkeitstag werden die Jungtiere stets tot geboren.

Das Geburtsgewicht wird in manchen Büchern mit 40 bis 100 Gramm, bei Einzeltieren auch darüber angegeben. Bei meinen Angora-Meerschweinchen lag das durchschnittliche Geburtsgewicht bei 87,5 Gramm. Das kleinste Tier aus einem Dreier-Wurf wog 50 Gramm, das größte aus einem Zweier-Wurf 142 Gramm. Neugeborene, die weniger als 50 Gramm wiegen, wie es gelegentlich in sehr großen Würfen vorkommt, sind im allgemeinen nicht lebensfähig.

Normal sind wohl 2 bis 3 Junge (das Weibchen hat nur zwei Zitzen). Aber auch ein Wurf mit nur einem oder vier Jungtieren kann durchaus als normal angesehen werden. Der größte bekannte Wurf bestand aus 12 lebenden Jungtieren. Die Mutter war ein Laborexemplar.

Eine Meerschweinchenmutter säugt ihre Babys normalerweise in hockender Stellung. Aber Ausnahmen bestätigen die Regel: Ich hatte ein Weibchen, das seine Jungen grundsätzlich im Liegen säugte.

Es ist immer wieder wie ein Wunder, wenn gerade erst zwei Stunden alte Meerschweinchen bereits ihre Umgebung erkunden und am ersten Heu knabbern. Ich habe es auch schon erlebt, daß ein erst zwei Stunden altes Tier bereits im Futternapf saß und Pellets fraß.

Grünfutter wird ab dem zweiten bis vierten Lebenstag aufgenommen. Dann wachsen sie auch recht schnell.

Normal sind tägliche Gewichtszunahmen von 7 bis 10 Gramm. Bei sehr großen Würfen vielleicht auch etwas weniger.

Mit drei Wochen läßt das Interesse an der mütterlichen Milchquelle zusehends nach. Dann haben alle Jungtiere gelernt, wie man frißt und aus der Flasche trinkt. (Dieser Lernprozeß ist im allgemeinen nach einer Woche abgeschlossen.)

Eine Meerschweinchenmutter säugt ihre Jungen etwa drei bis vier Wochen und wehrt dann die weiteren Saugversuche ab. Zu diesem Zeitpunkt sollte man sich darüber im klaren sein, welches Tier man für die Weiterzucht behalten möchte und welche Tiere abgegeben werden müssen.

Mit drei bis vier Wochen dürften die Tiere das optimale Absetz- beziehungsweise Abgabealter haben, sofern sie mindestens 250 Gramm wiegen. Andernfalls ist es besser, die Tiere noch etwas länger bei der Mutter zu lassen.

Hat die Meerschweinchenmutter einen großen Wurf zu versorgen oder wiegen die Jungen mit drei Wochen schon über 300 Gramm, sollte man ihr mit Rücksicht auf ihre Gesundheit ein Junges lassen und den Rest auf jeden Fall absetzen.

Die Fortpflanzungszeit erlischt mit ungefähr fünf bis sechs Jahren.

Geschlechtsbestimmung

Bereits bei den Neugeborenen sind die Geschlechter leicht voneinander zu unterscheiden: Bei den jungen Böcken gleicht die Geschlechtsregion einem „i". Zwischen Penis und After befindet sich ein deutlicher Abstand. Ein leichter Daumendruck auf den Bauch oberhalb der Genitalöffnung läßt den Penis hervortreten. Bei erwachsenen Böcken ist die Geschlechtsbestimmung noch einfacher, da die Hoden deutlich zu erkennen sind.

Die Geschlechtsregion der Weibchen gleicht einem „Y", in dessen oberen Teil die Harnröhre mündet. Dieses „Y" bleibt auch bei leichtem Druck auf den Bauch erhalten.

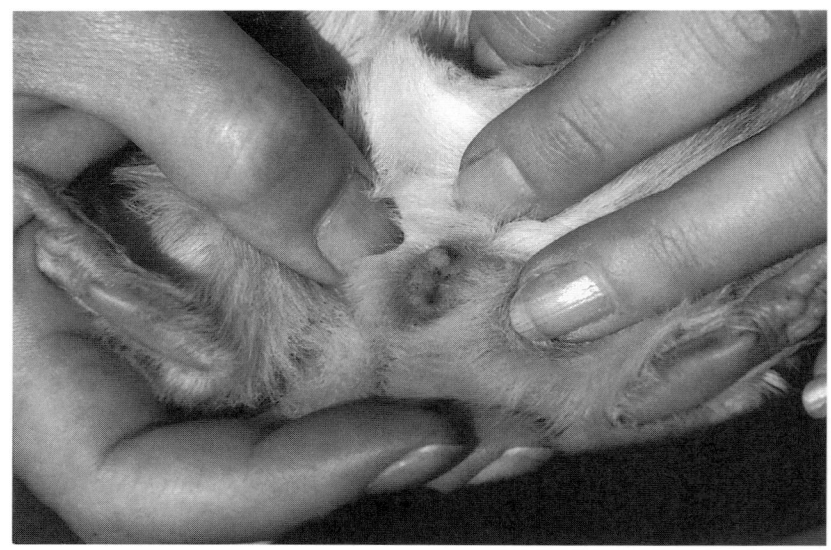

Geschlechtsregion beim jungen männlichen Meerschweinchen

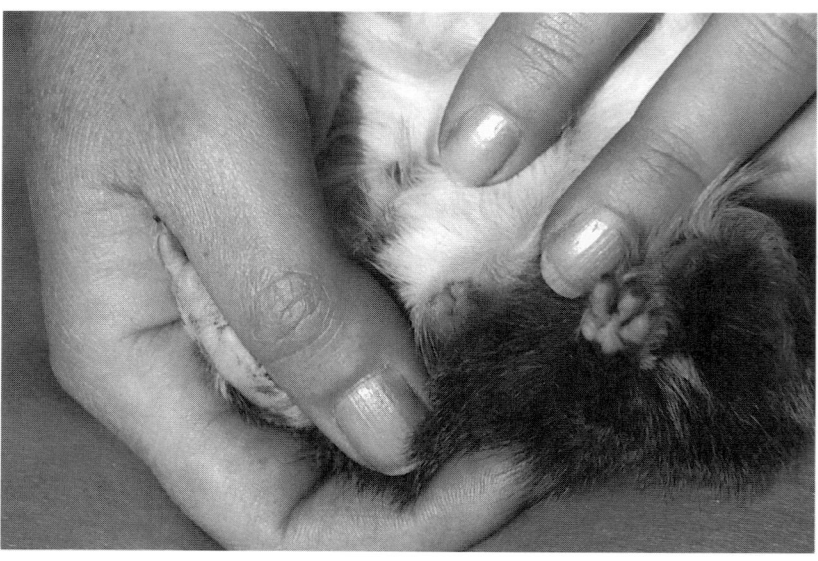

Geschlechtsregion beim jungen weiblichen Meerschweinchen

Geschlechtsreife

Über die Geschlechtsreife junger Meerschweinchen gibt es recht unterschiedliche Erkenntnisse. Bei den Weibchen liegen sie zwischen dem 27. und 134. Lebenstag. Sicherlich ist die Geschlechtsreife auch gewichtsabhängig.

Die Geschlechtsreife junger Böcke wird häufig mit 60 Tagen angegeben. Der Hodenabstieg erfolgt sechs Wochen nach der Geburt. Die Männchen ejakulieren zwar mit zwei Monaten zum ersten Mal, fruchtbar sind sie jedoch erst mit etwa zweieinhalb Monaten.

Bei meinen Tieren konnte ich beobachten, daß Böcke unter 12 Wochen noch nicht in der Lage sind, erfolgreich zu decken.

Gewichtsentwicklung während der Säugephase am Beispiel von 100 Angorameerschweinchen

	Geburts-gewicht	1 Wo.	2 Wo.	3 Wo.	4 Wo.
♂	88 (50–142)	129 (86–212)	186 (128–278)	239 (150–354)	311 (200–380)
♀	87 (50–120)	124 (70–180)	181 (132–262)	229 (172–322)	264 (198–355)

Gewichtsangabe in Gramm Körpergewicht.
Es wurden 46% männliche und 54% weibliche Tiere geboren.
Durchschnittliche Wurfstärke 3,1 Jungtiere.

Trächtigkeits- und Geburtsprobleme

Trächtige Meerschweinchen brauchen eine besonders ausgewogene Ernährung (Vitamin C mit dem Trinkwasser). Partnerwechsel, Umgruppierungen, Lärm und ungewohnte Einflüsse bedeuten Streß für das Tier, der gerade während dieser Zeit vermieden werden sollte, wenn man erfolgreich züchten möchte.

Fehlgeburten kommen besonders um den 35. Trächtigkeitstag und dann wieder um den 48./49. Tag der Trächtigkeit vor.

Ein trächtiges Meerschweinchen sollte man weder viel herumtragen, noch den Standort seines Käfigs wechseln.

Frühzeitiger Fruchttod kann auch durch Uterusinfektionen mit Mykoplasmen und Staphylokokken, sowie durch Störungen der Nährstoffzufuhr über die Plazenta verursacht werden.

Streßverursachender Lärm, wie er zum Beispiel durch eine Bohrmaschine, Hämmern oder zu laut aufgedrehte Stereoanlage entstehen kann, macht sich beim Meerschweinchen eigentlich nur durch Angststarre bemerkbar.

Bei trächtigen Weibchen jedoch scheinen die ungeborenen Jungtiere im Mutterleib in Panik zu geraten, was die Verdrehung eines Gebärmutterhorns (das ist praktisch ein Schlauch, der sich einmal um sich selbst dreht) zur Folge haben kann. Letztendlich entsteht eine Vergiftung des Muttertieres durch das oder die abgestorbenen Früchte.

Geburtsstörungen können bei zu großen Früchten, falscher Lage und Wehenschwäche vorkommen, eher jedoch bei zu frühem (Gewicht unter 600 Gramm) oder zu spätem (Alter über 10 Monate) erstmaligen Zuchteinsatz des weiblichen Tieres. Wird das Tier dann nicht *sofort* zum Tierarzt gebracht, ist die Aussicht, daß es einen Kaiserschnitt überlebt, sehr gering. Die Tiere sterben innerhalb von 48 Stunden. Das Becken eines jungen Zuchtweibchens muß voll entwickelt und der Geburtskanal eines älteren Tieres noch dehnbar genug sein, um eine Geburt problemlos bewältigen zu können.

Trächtigkeitstoxikose

Bei trächtigen Meerschweinchen, und scheinbar besonders bei fettleibigen Müttern, kann es infolge einer Mangelernährung um den Geburtstermin herum zu einer Trächtigkeitstoxikose kommen. Der Tod tritt innerhalb von 1–4 Tagen ein.

Eine Therapie ist meistens erfolglos, da Glucose und Calcium vom Organismus nicht mehr aufgenommen werden können.

Die Trächtigkeitstoxikose ist eine Stoffwechselerkrankung, die in Zeiten besonders hohen Glucosebedarfs auftreten kann. Sie ist die häufigste Todesursache von Muttertier und ungeborenen Jungen.

Bei Streß- oder Mangelsituationen werden die betroffenen Meerschweinchen gegen Ende der Trächtigkeit oder bis zu 3–4 Tagen nach der Geburt teilnahmslos, fressen und trinken nicht mehr, Reaktionslosigkeit und manchmal auch Krämpfe folgen. Auffällig ist ein rapider Gewichtsverlust.

Bewegungsmangel und rohfaserarme Kost scheinen die Stoffwechselstörung insbesondere bei schweren Tieren (über 1000 Gramm) zu begünstigen.

Vorbeugend sollte während der Trächtigkeit wenig Getreide, dafür viel Gemüse, Obst und Heu gefüttert werden.

Aufzucht mutterloser Meerschweinchen

Leider kann es vorkommen, daß man neugeborene Meerschweinchen ohne Mutter aufziehen muß, da sie kurz nach der Geburt gestorben ist.

Die mutterlose Aufzucht ist recht mühsam und nicht immer von Erfolg gekrönt. Hat man eine zweite Meerschweinchenmutter mit nur wenige Tagen alten Jungen, kann man versuchen, ihr die Waisen unterzuschieben, indem man ihr vorübergehend den Auslauf in ihrem Käfig auf etwa 20×30 Zentimeter beschränkt. Damit die rechtmäßigen Jungen und die Waisen für die Mutter gleich riechen, werden alle Tiere mit Fencheltee bestrichen, auf die Nasen der fremden Tiere kommt zudem ein Tropfen Muttermilch. Gemeinsam werden sie nun zur Mutter gesetzt. In den nächsten ein bis zwei Stunden wird sich zeigen, ob die Waisen angenommen werden.

Hat man keine Adoptivmutter zur Verfügung, ist die Aufzucht schon bedeutend schwieriger: Als erstes sorgt man für einen warmen (nicht heißen!) Platz, indem man eine Wärmflasche oder ein Heizkissen auf niedrigster Stufe, am besten seitlich oder aber zur Hälfte unter einem heugefüllten Kistchen anbringt.

Man muß sich darüber im klaren sein, daß ein neugeborenes Meerschweinchen, im Gegensatz zu vielen anderen Säugetieren, nicht von Milch allein leben kann. Das schwierigste bei der mutterlosen Aufzucht dürfte sein, dem Tier beizubringen, *wie* man frißt. Diese

Aufgabe übernimmt am besten ein anderes freundliches, junges Meerschweinchen.

Zunächst ist also ein Futtermus herzustellen, das den Bedürfnissen der Tiere entspricht. Dabei ist der Rohfasergehalt unbedingt zu berücksichtigen.

Dieses Futtermus könnte zum Beispiel die folgende Zusammensetzung haben:

1 Teil Möhren oder Äpfel
1 Teil Salat oder Chicorée
½ Teil Meerschweinchenfutter
etwas Honig

Im Mixer wird dann Wasser zugefügt, bis die gewünschte Konsistenz erreicht ist. Es wird immer frisch zubereitet und mit Zimmertemperatur verabreicht.

Ich habe zum Beispiel mit Babynahrung in Gläsern gute Erfahrungen gemacht, die außer Gemüse oder Obst auch Vollkorngetreide enthalten.

Solche Fertignahrung wie auch das selbst hergestellte Futtermus eignet sich bestens zum Zufüttern bei sehr großen Würfen sowie zur Versorgung erwachsener, kranker Tiere.

Wichtig ist, daß fünf Milliliter Futtermus etwa zwei Milligramm Ascorbinsäure enthalten.

Milch in jeglicher Form ist für die Ernährung neugeborener sowie erwachsener Meerschweinchen ungeeignet. Da die Laktose (Milchzucker) im Darm der Tiere nicht aufgespalten werden kann, kommt es zu Durchfällen.

Die Mahlzeiten werden im Abstand von zwei Stunden verabreicht – auch nachts! Dazu wird der Nahrungsbrei in eine Einwegspritze aufgezogen und den Tieren tropfenweise verabreicht. Aber Vorsicht, auf keinen Fall dürfen sie sich dabei verschlucken. Eventuell ist auch ein kleiner Teelöffel zum Füttern geeignet.

Genaue Mengen anzugeben ist schwierig, da der Bedarf individuell verschieden ist. Als Richtwert kann man von etwa 25 Milliliter Futterbrei pro Tag und 100 Gramm Körpergewicht ausgehen.

Nach dem vierten Lebenstag kann man die Nachtfütterung einstellen. Die Tagesfütterung kann im Abstand von drei Stunden

Abb. 17 Coronet-Jungtiere, Schwarz-Rot-Weiß; Zü. und Bes. M. Hentschel, Gießen

Abb. 18 Texel, Rot; Bes. E. Lösch, Bischofsheim

Abb. 19 Angora-Mix, Sepia, auch dieser Farbton variiert; Zü. und Bes. I. Vorwerk, Dorfmark

Abb. 20 Texel, Weiß; Zü. M. Zeddies; Bes. M. Hentschel, Gießen

Abb. 21 Amerikanischer Schopf, Schwarz, hochtragend; Bes. M. Enick, Bad Düben

Abb. 22 Glatthaar und Amerikanischer Schopf, Safran; Bes. R. Kornienko, Hammer

Abb. 23 Satin-Himalaya, Schokolade; Bes. E. Lösch, Bischofsheim

Abb. 24 Glatthaar, Schokolade. Wie dunkle Bitterschokolade erwünscht; Bes. S. Wagner, Leopoldshöhe

erfolgen, sofern die Tiere nicht abgenommen haben. Das Gewicht der Tiere sollte ohnehin täglich kontrolliert werden. Das Futtermus wird bis zum Alter von zwei Wochen verabreicht, dann sollten die Tiere selbständig fressen und trinken können. Je schneller sie es lernen – desto besser!

Es ist ratsam, das Fell nach jeder Mahlzeit mit einem leicht feuchten Baumwolltuch abzureiben, da die Haare der Tiere sonst bald recht verklebt sein werden.

Es darf nicht vergessen werden, nach jeder Mahlzeit den Verdauungsvorgang, durch sanfte Massage des Unterbauchs und der Genitalregion, anzuregen. Dazu eignet sich ein angefeuchteter Wattebausch oder ein Baumwolltuch. Diese Massage ist auf jeden Fall, auch wenn es bei Ungeübten noch so lange dauern mag, bis zum Erfolg durchzuführen.

Und noch eine Bemerkung zum Schluß: Etwas Glück gehört immer dazu!

Anatomische und physiologische Daten

Körpertemperatur:	37,5 bis 39 Grad Celsius
Atmung:	100 bis 130 Schläge/Minute
Puls:	300/Minute
Blutmenge:	ca. 6 % des Körpergewichts
Zahl der Wirbel:	7 Hals-
	12 Brust-
	6 Lenden-
	4 Kreuzbein-
	7 Schwanzwirbel
Zähne:	je Kiefer 2 Schneide- und 8 Backenzähne
	Eckzähne fehlen
Darm:	Länge insgesamt über 2 Meter
Zwölffingerdarm:	12 cm
Leer- und Hüftdarm:	etwa 120 cm
Blinddarm:	15 cm
Grimmdarm:	70 bis 95 cm
Herzgewicht:	2,2 Gramm bei 800 Gramm Körpergewicht
Lebergewicht:	3,9 % des Körpergewichts
Gehirngewicht:	1,33 % des Körpergewichts

optimale Umgebungstemperatur:	20 bis 22 Grad Celsius
optimale Luftfeuchtigkeit:	45 bis 60 %
Sehvermögen:	gut ausgeprägt; relativ großer Gesichtskreis; Farben werden unterschieden; Verhältnis Stäbchen zu Zäpfchen 4–5 : 3
Hörvermögen:	sehr gut ausgeprägt; besonders helle Töne werden noch in einem Bereich wahrgenommen, der für Menschen nicht mehr erfaßbar ist. Die Schnecke des Innenohrs weist 4 Windungen auf (2½ beim Menschen). Die oberste Hörgrenze liegt bei 33 000 Herz (beim Menschen etwa 15 000 bis 20 000 Herz), die untere Grenze liegt bei etwa 16 Schwingungen pro Sekunde (beim Menschen etwa gleich).
Geruchssinn:	sehr gut ausgeprägt und dem des Menschen weit überlegen; Meerschweinchen erkennen sich untereinander und andere Lebewesen an ihrem Geruch.
Verständigung:	reichhaltige Lautäußerungen in unterschiedlichen Frequenzbereichen.

Biologische Daten

Geburtsgewicht:	50 bis 140 Gramm
Körpergewicht ♂:	1000–1300 g (–1800 g)
erwachsen, bei 25–35 cm Länge ♀:	800–1200 g
Geschlechtsreife ♂:	2,5 Monate
Geschlechtsreife ♀:	2 Monate (27 bis 134 Tage)
Zyklusdauer:	(16 bis) 18 Tage
Östrusdauer:	6 bis 11 Stunden, Ovulation 10 Stunden nach Brunstbeginn beziehungsweise 2–13 Stunden nach der Geburt.
Nidation:	6 Tage nach Befruchtung
Tragzeit:	68 Tage (64 bis 70 Tage)
Wurfgröße:	1 bis 6 Junge (normal 2 bis 3)
Jungtiersterblichkeit:	9,6 %
Säugezeit:	3 bis 4 Wochen
Absetzalter:	4 Wochen, bei einem Körpergewicht von etwa 250 Gramm
Hodenabstieg:	6 Wochen
Zuchtreife ♀:	5 Monate oder mit etwa 700 Gramm Gewicht
Wachstumsabschluß:	12 Monate
Erlöschen der Fortpflanzungszeit:	5 bis 6 Jahre
Lebenserwartung:	etwa 8 Jahre (bis 15 Jahre)

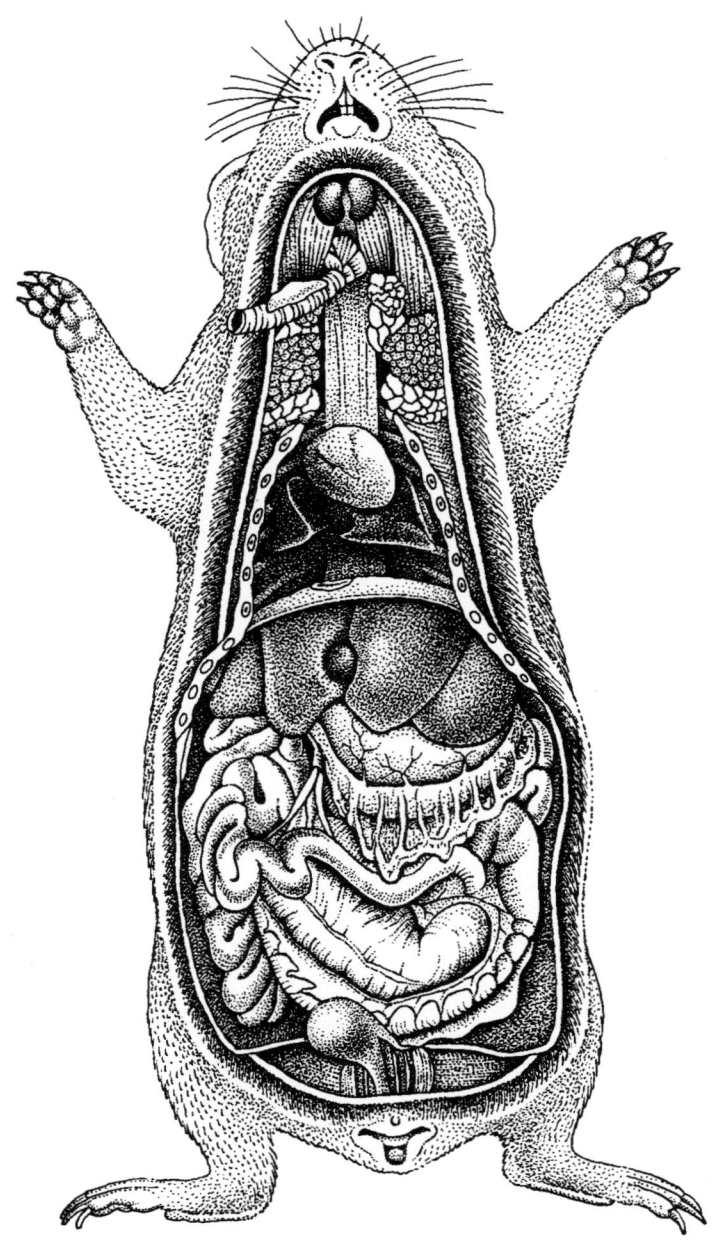

Situs-Meerschweinchen

41

Besondere Merkmale

Haut und Haarkleid

Das Fell der Meerschweinchen wächst pro Woche ungefähr zwei bis fünf Millimeter. Der Haarzyklus der weiblichen Tiere wird offenbar stark von weiblichen Geschlechtshormonen beeinflußt. Während der 2. Trächtigkeitshälfte nimmt die Haarproduktion bis zum Geburtstermin hin ab, was zur Folge haben kann, daß ca. 1–4 Wochen nach der Geburt ein überstürztes Haarwachstum einsetzt. Werden dabei die Ruhehaare aus den Follikeln verdrängt, entsteht flächenhafter Haarausfall an Flanken und Bauch.

Bei den *Perinealdrüsen* handelt es sich um ein Hautdrüsenorgan, welches nur beim Meerschweinchen vorkommt. Es liegt zwischen Anal- und Geschlechtsöffnung in einer Hauttasche. Die Perinealdrüsen sind bei männlichen und weiblichen Tieren unterschiedlich entwickelt. Da eine willkürliche Entleerung des Sekretspeichers möglich ist, wird angenommen, daß es sich um ein mit der Genitalfunktion zusammenhängendes Duftorgan handelt.

Skelett

Trotz vorhandener Schwanzwirbel haben Meerschweinchen keinen sichtbaren Schwanz.

Das Schlüsselbein ist fast vollständig zurückgebildet. An den Vorderfüßen besitzen sie vier und an den Hinterfüßen drei hufartige Krallen.

Zähne

Erstaunlicherweise findet der Zahnwechsel schon vor der Geburt statt. Die Milchzähne werden im Mutterleib vollkommen resorbiert. Meerschweinchen werden, bis auf die hintersten Backenzähne (M_3), mit vollständigem, bleibendem Gebiß geboren.

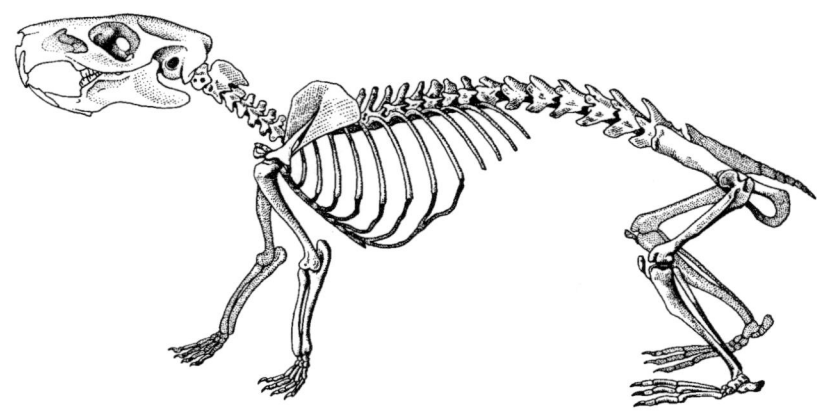

Skelett Meerschweinchen

Alle Zähne wachsen ständig (bis zu 1,5 Millimeter pro Woche) und sind deshalb dauernd auf Abnutzung durch Nagen angewiesen.

Atmungssystem

Die Lunge des Meerschweinchens hat vier Lungenlappen, die teilweise durch das Zusammenziehen der Bronchien stillgelegt werden können. Bei äußeren Einwirkungen, wie Staub oder Tabakqualm, können sie einzelne Lungenregionen von der Atmung „abschalten".

Verdauungssystem

Da Meerschweinchen Zellulose in der Nahrung verwerten können, haben sie einen sehr langen Darm, der mehr als zwei Meter lang ist. Die Verdauung braucht sehr viel Zeit. Im Magen, dessen Fassungsvermögen beim erwachsenen Tier 20 bis 30 Milliliter beträgt, schichten sich die einzelnen Futterrationen übereinander. Der Austritt in den Darm beginnt etwa eine Stunde nach der Nahrungsaufnahme und dauert bis zu sieben Stunden. Der Ausscheidungsprozeß beginnt zirka vier Stunden nach der Futteraufnahme und ist nach ungefähr sieben Tagen beendet.

Der Blinddarm ist das wichtigste Verdauungsorgan, in ihm wird der sogenannte Blinddarmkot gebildet. Der neben dem normalen Kot zusätzlich regelmäßig abgesetzte eiweißreiche Blinddarmkot wird von den Meerschweinchen direkt vom After aufgenommen. Er enthält Vitamine des B-Komplexes und Vitamin K. Dieser Vorgang ist für die Tiere lebensnotwendig. Werden sie daran gehindert, sterben sie nach etwa zwei bis drei Wochen.

Krankheiten

1. Haut
2. Herz und Kreislauf
3. Atmungsorgane
4. Verdauungsorgane
5. Harnorgane
6. Geschlechtsorgane
7. Nervensystem und Sinnesorgane
8. Weitere Erkrankungen

Im allgemeinen werden Meerschweinchen recht selten krank. Die meisten Krankheiten sind durch artgerechte Haltung und Fütterung vermeidbar. Wer sich täglich mit seinen Tieren beschäftigt und sie gut beobachtet, wird Veränderungen im Verhalten und Krankheitssymptome sofort erkennen. Dies können sein: struppiges Fell, Abmagerung, Durchfälle, Bewegungsunlust, Lähmungen, Krämpfe, röchelnde Atmung, Husten, Niesen, Schnupfen, Augenentzündungen, Haarausfall, Nahrungsverweigerung und Fieber.

Bei einer Körpertemperatur über 39,5 °C liegt wahrscheinlich eine Infektionskrankheit vor.

Wenn auch bei der nötigen Sorgfalt im Umgang mit den Tieren Erkrankungen weitestgehend vermieden werden, so lassen sie sich bei Massentierhaltungen, ständigem Zukauf und Wechsel der Tiere jedoch nicht immer verhindern.

Zur sicheren Diagnosestellung ist ein Besuch beim Tierarzt unerläßlich. Je eher die Behandlung beginnt, desto mehr besteht Aussicht auf Erfolg.

Warten Sie nicht erst einmal ein paar Tage ab und stellen dann womöglich zum Wochenende fest, daß Ihr Tier dringend Hilfe braucht – Ihr Meerschweinchen *und* Ihr Tierarzt werden es Ihnen danken.

1. Haut

Hautkrankheiten sind der häufigste Anlaß für den Gang zum Tierarzt. Kahlstellen im Fell *(Alopezie)* ohne Juckreiz können bei Meerschweinchen jeden Alters festgestellt werden. Sie können die Folge von Streßsituationen sein, wenn zum Beispiel zu viele Meerschweinchen auf engem Raum gehalten werden.

Therapie: Streß beseitigen; bei der Versorgung von kleinen Wunden haben sich Perubalsam und Zinksalbe als gut erwiesen.
Besonders bei der Außenhaltung ist zu bedenken, daß Fliegenmaden durch Hautwunden ins Innere der Tiere eindringen. Sie können dort zu Mittelohrentzündung und weiteren Schäden führen.

Auch kommt es vor, daß sich Meerschweinchen selbst oder gegenseitig die Haare abfressen. Die Ursache ist nicht eindeutig geklärt. In Frage könnte Manganmangel, zuwenig Heu in der Futterration oder auch nur Langeweile kommen.

Therapie: Vorübergehende Einzelhaltung des Verursachers

Haarausfall an beiden Flanken des weiblichen Meerschweinchens wird auch durch Ovarialzysten verursacht und kommt überwiegend bei einzeln gehaltenen Weibchen vor.

Therapie: Kastration

Durch den ansteigenden Östrogenspiegel nimmt die Haarproduktion während der Trächtigkeit ab. In den Wochen nach der Geburt kann es dann zu einem überstürzten Haarwachstum kommen, bei dem die wachsenden Haare die Ruhehaare aus den Follikeln verdrängen. Flanken, Bauch und Innenschenkel sind besonders davon betroffen. Dieser Haarausfallzyklus kann beim weiblichen Meerschweinchen das gleiche Bild wie bei Eierstockzysten hervorrufen.

Zudem ist Haarverlust häufig eine Folge von Vitaminmangel.

Bei übergewichtigen Meerschweinchen können sich nach einer Entzündung der Fußballen *Ballenabszesse* bilden. Die Ursachen hierfür sind vielfältig.

Therapie: Die Tiere müssen auf weichem Untergrund gehalten werden; tägliche Verbandswechsel mit Zink-Lebertran-Salbe sind erforderlich; der Heilungsprozeß ist langwierig.

Dermatomykosen kommen selten vor, sind jedoch wegen der Infektionsgefahr für den Menschen (siehe Zoonose) von besonderer Bedeutung. Die Diagnose der Mikrosporie erfolgt mit Hilfe einer ultravioletten Lampe, die in einem abgedunkelten Raum die von Mikrosporen befallenen Haare grün fluoreszieren läßt.

Da Pilzinfektionen Faktorenerkrankungen sind, ist auf gute Ernährung und Sauberkeit zu achten; eventuell müssen die Haltungsbedingungen verbessert werden.

Therapie: 25 Milligramm pro Kilogramm Körpergewicht Griseofulvin täglich, oral, 21 Tage. Der Tierarzt wird vielleicht auch Bäder oder unterstützende Salben verschreiben.

Ektoparasiten wie Haarlinge, Milben und Läuse verursachen starken Juckreiz. Die 0,5 bis 0,8 Millimeter großen Eier der Läuse sind durch eine Lupe zu erkennen. Die Nissen lassen sich nicht auskämmen.

Die etwa einen Millimeter großen Haarlinge sind wie silbrige Schuppen besonders in der Ohrgegend zu finden. Sie ernähren sich von Hautschuppen und Hautdrüsensekreten, einige Arten saugen auch Blut. Ohne eine Behandlung magern die Tiere stark ab und bekommen Ekzeme. Sie verhalten sich sehr unruhig und kratzen sich ständig.

Milbenbefall äußert sich zunächst durch Krustenbildung an Nase und Lippen und führt nicht selten zum Tode. Pelzmilben sind vom Tierarzt unter dem Mikroskop zu erkennen. Zum Nachweis der Räudemilben ist die Untersuchung eines tiefen Hautgeschabsels erforderlich.

Schlechte Haltungsbedingungen sowie die Einschleppung durch neu hinzugekaufte Tiere gelten als Ursachen.

Therapie: Bäder oder Besprühung der Haut mit einem verträglichen, wirksamen Kontaktinsektizid.
Mittel gegen Juckreiz verabreichen.
Gegen Grabmilbe: Ivomec® injizieren lassen, nach 8 – 14 Tagen mindestens 1× wiederholen. Jungtiere 0,1 ml, Erwachsene 0,2 ml.
Es hilft ebenso erfolgreich gegen Rundwürmer und Läuse – ohne das Erkältungsrisiko durch Bäder und ohne Umweltbelastung durch deren Entsorgung. Bei trächtigen Tieren darf es nicht angewandt werden. (Für Meerschweinchen z. Z. noch nicht zugelassen.)

Sind in der Nahrung nicht ausreichend Fettsäuren, Vitamin C und A enthalten, ist eine Störung des Hautstoffwechsels mit *Lippengrind* die Folge. Mundwinkel und Oberlippe sind entzündet und mit Krusten und Borken bedeckt.

Therapie: Nach Ablösung der erweichten Krusten werden die befallenen Hautstellen mit Vitamin-A-haltigen Salben behandelt. Verabreichung eines Multivitaminpräparats.

2. Herz und Kreislauf

Kreislaufversagen ist eigentlich nur bei zu hohen Temperaturen zu beobachten. Im Gartengehege sollte man deshalb immer für einen Schattenplatz sorgen. Vorsicht bei sommerlichen Autofahrten.

Therapie: Meerschweinchen auf feuchtem Tuch kühlen, Nacken mit Eis einreiben, eventuell vom Tierarzt 5 Milligramm Effortil® subkutan injizieren lassen.

3. Atmungsorgane

Durch Fütterungsfehler kann es insbesondere im Winter zu den sehr komplexen Erscheinungen des *ansteckenden Schnupfens* mit seinen Sekundärinfektionen und schließlich Lungenentzündung kommen. *Pneumonien* sind eine häufige Todesursache beim Meerschweinchen. Schlechte Haltungsbedingungen nehmen Einfluß auf die schwere Erkrankung.

Die Meerschweinchen werden apathisch, verweigern die Nahrungsaufnahme, niesen und bekommen Fieber.

Eventuell tritt auch ein eitriger Nasenausfluß mit Krustenbildung und Husten auf. Manche Verlaufsformen der Lungenentzündung sind fast immer tödlich.

Therapie: Die Heilungsaussichten sind gering.
Vielleicht bringen Sulfonamide oder Antibiotika, die vom Tierarzt subkutan verabreicht werden, Erfolg.

Noch nicht erkrankte Tiere des Bestands erhalten vorbeugend eine geringere Dosis, etwa sieben Tage über das Trinkwasser verabreicht.

Erkrankte Tiere müssen von den anderen unverzüglich isoliert werden.

Die *Choriomeningitis* ist eine Viruserkrankung des Meerschweinchens, die sich ebenfalls mit Symptomen im Atmungsapparat äußert. Sie ist auf den Menschen übertragbar (Zoonose) und kann in ihrer akuten Form eine Meningoenzephalitis (Hirnhautentzündung) hervorrufen. Infektionsquellen sind meistens infizierte Hausmäuse. Die Erkrankung kann auch ohne klinisches Erscheinungsbild verlaufen. Sie kommt bei Goldhamstern weitaus häufiger vor.

Therapie: keine, einschläfern

4. Verdauungsorgane

Mit seinem über zwei Meter langen Darm und der einwöchigen Magen-Darm-Passage ist der Verdauungsapparat des Meerschweinchens gegenüber Störungen recht anfällig. Auf Änderung der Nahrungszusammensetzung reagiert die Darmflora sehr empfindlich.

Durch zu große Mengen nassen, blähenden oder ungewohnten Grünfutters, wie Kohl, Salat, Klee und andere Arten, kann es unter bestimmten Umständen zu sehr schmerzhaften Gärprozessen kommen, die zur *Aufblähung* des Bauches führen.

Therapie: Nur Heu füttern,
Injektion von 0,2 Milliliter Buscopan® verabreichen lassen oder ein etwa linsengroßes Stück eines Buscopan®-Zäpfchens einführen.

Durch *Endoparasiten* hervorgerufene Krankheiten kommen beim Meerschweinchen nur sehr selten vor. Sie spielen als Krankheitserreger, mit Ausnahme der Kokzidiose, eine untergeordnete Rolle. Bandwürmer kommen beim Meerschweinchen nicht vor, und auch Saugwürmer haben keine Bedeutung. Erwähnt werden deshalb nur die Kokzidiose, die Oxyuridose und Toxoplasmose.

Kokzidien sind wirts- und organgebunden. Ihr Entwicklungszyklus vollzieht sich zum Teil innerhalb, zum Teil außerhalb des Körpers. Die Entwicklung im Wirtstier endet mit der Ausscheidung von befruchteten Eizellen, den Oozysten. Diese sind gegen Umwelteinflüsse sehr resistent. Durch die Kenntnis der Sporulationszeit im Freien – günstigenfalls zwei Tage – kann man in das Infektionsgeschehen durch vorbeugende Maßnahmen eingreifen. Die Symptome sind blutiger oder schleimig-blutiger Durchfall. In schweren Fällen sterben die Tiere nach einer bis zwei Wochen.

Therapie: Die Behandlung erfolgt über die Gabe von Sulfonamiden mit dem Trinkwasser.
Wichtig ist eine zusätzliche Vitamin-C- und Vitamin-B-Versorgung. Täglicher Einstreuwechsel kann die Aufnahme reifer Oozysten verhindern.

Der Erreger der *Oxyuridose* ist ein zu den Pfriemenschwänzen (Oxyuridea) gehörender Wurm von etwa zwei Zentimeter Länge. Er ist gelegentlich bei Tieren anzutreffen, die in Außengehegen gehalten werden und kann bei starkem Befall Abmagerung und Durchfallerkrankungen hervorrufen. Durch eine Kotuntersuchung können die Eier nachgewiesen werden.

Therapie: Panacur®
0,1 Milliliter für erwachsene Meerschweinchen
0,05 Milliliter für Jungtiere

Beim Meerschweinchen wurde auch der Erreger der *Toxoplasmose* nachgewiesen; es ist jedoch nicht in der Lage, infektionsfähige Oozysten auszuscheiden. Da uns normalerweise das Meerschweinchen nicht als Nahrungsmittel dient, ist eine Infektion des Menschen ausgeschlossen. Die Infektion verläuft im allgemeinen unbemerkt. Der akute Verlauf beginnt mit Teilnahmslosigkeit, Appetitlosigkeit und Fieber; auch Durchfälle, Lähmungen und Krämpfe wurden beobachtet.

Therapie: bei akutem Verlauf hochdosierte Gaben von Sulfonamiden

Im Verdauungssystem des Meerschweinchens kann es durch Störung der Darmflora zu einer *Enteritis* kommen, die sich durch Durchfall, aufgetriebenen Leib und starke Darmgeräusche bemerkbar macht.
Sie kann auch durch krasse Futterumstellung, zu wenig Heu in der Futterration oder durch die orale Gabe von Antibiotika entstehen.

Auch eine mehrtägige Nahrungsverweigerung kann die Darmflora-tätigkeit empfindlich stören.

Therapie: Ausschließlich Heu füttern, bis wieder eine neue, intakte Darmflora aufgebaut ist.
Verweigert das Meerschweinchen die Nahrung, ist eine künstliche Ernährung mit einem Nahrungsbrei, wie bei der Aufzucht mutterloser Meerschweinchenbabys be-schrieben, vorzunehmen. Dies ist unter Umständen nur mit einer Sonde möglich, deren Handhabung man sich genau vom Tierarzt erklären läßt.
Bei Durchfall muß der Flüssigkeitsverlust durch sub-kutane Injektionen von 10 %igen Glucose- und Elektro-lytlösungen ersetzt werden.

Seltener kommt es vor, daß Meerschweinchen unter *Verstopfung* leiden.

Therapie: 2 Milliliter Paraffinöl (ersatzweise Speiseöl) mit einer Ein-wegspritze oral eingeben und den Bauch leicht massieren. Ist bis zum nächsten Tag keine Besserung aufgetreten, muß das Tier vom Tierarzt auf Verdacht eines Darm-verschlusses untersucht werden.

Durch Fehlstellungen der Zähne kann die Futteraufnahme sehr erschwert oder unmöglich geworden sein; davon betroffene Tiere speicheln stark. *Zahnanomalien* können ererbt sein, sind jedoch viel häufiger auf mangelnde Abnutzung der Nagezähne zurückzuführen.
Die Backenzähne wachsen 1,2 bis 1,5 Millimeter pro Woche.

Therapie: Zu lang gewordene Zähne läßt man vom Tierarzt abkneifen (mit Übung und Geduld läßt sich dieser Eingriff auch ohne Narkose durchführen).
Handelt es sich um eine ererbte Fehlstellung, muß diese Korrektur regelmäßig wiederholt werden. Sonst öfter einmal hartes Brot, Obstbaum- oder Weidenzweige zum Knabbern geben.

5. Harnorgane

Die *Cystitis* (Entzündung der Harnblase) äußert sich in Unruhe und dem vermehrten Versuch, Harn abzusetzen – oft nur mit geringem Erfolg. Der Urin kann blutig sein.

Therapie: Sulfonamide vom Tierarzt über 5 Tage verabreicht. Sollte innerhalb von 24 Stunden keine Besserung eintreten, muß das Meerschweinchen auf Blasensteine oder Harngries untersucht werden.

6. Geschlechtsorgane

Ovarialzysten kommen beim Meerschweinchen häufig vor. Sie können ohne klinisches Erscheinungsbild bleiben, sich aber auch durch Haarausfall an den Flanken des betroffenen Weibchens bemerkbar machen.

Therapie: Kastration

Penisverletzungen können durch eitrige Infektion zum Tode führen.

7. Nervensystem und Sinnesorgane

Augenbindehaut-Entzündungen treten bei vielen Infektionskrankheiten beim Meerschweinchen auf. Die Tiere sind vor Zugluft zu schützen.

Therapie: Antibiotische Augentropfen oder -salbe muß alle 2 Stunden verabreicht werden.

Verletzungen der Hornhaut können durch hartes Stroh, kleine Äste usw. vorkommen.

Therapie: Glucosehaltige Augensalben können unterstützend zum Aufklaren der Hornhaut verwendet werden.

Cortisonhaltige Augensalben dürfen bei Hornhautverletzungen wegen der Perforationsgefahr auf keinen Fall gegeben werden.

Otitis

Durch Verschmutzung der Ohren, aber auch durch Fremdkörper oder eindringendes Wasser kann eine Gehörgangsentzündung entstehen. Die Tiere kratzen sich am Ohr oder reiben mit dem Kopf über den Boden. Oft ist auch ein Schiefhalten des Kopfes zu beobachten.

Therapie: Gründliche Reinigung der Ohren und tägliche Behandlung mit einer Lebertran-Zink-Salbe.
Auf jeden Fall sollte das verwendete Mittel – im Gegensatz zu den üblichen Ohrreinigern – alkoholfrei sein.
Waren Staphylokokken oder Streptokokken der Auslöser für die Infektion, ist eine zusätzliche Antibiotikagabe erforderlich.

Werden zu viele Tiere auf engem Raum gehalten, kann es streßbedingt zu Bißverletzungen an den Ohrrändern kommen.

Therapie: Lebertran-Zink-Salbe auftragen, Tierbestand verringern.

Torticollis

Es werden Erkrankungen des zentralen Nervensystems beobachtet, die mit Torticollis, Kopfschiefhaltungen und Bewegungsstörungen verbunden sind.

Therapie: keine; eventuell Vitamin-B12-Injektionen und dreimal täglich drei Tropfen Nehydrin®

Bei neugeborenen Meerschweinchen kann es vorkommen, daß die Tiere auf dem Rücken liegend saugen. Sie sind infolge einer Geburtsverletzung (zum Beispiel bei Steißlage) vorübergehend nicht in der Lage, ihren Kopf zu drehen.

In leichteren Fällen sollen die Tiere nach zwei Tagen normal erscheinen.

Bei der *Meerschweinchenlähme* handelt es sich um eine virusbedingte Erkrankung des Rückenmarks und des Gehirns. Die Inkubationszeit beträgt 8 bis 22 Tage.

Dabei treten Bewegungsstörungen auf, die bis zur vollständigen Lähmung der Hinterhand führen können. Die Tiere sind sehr geschwächt. Der Tod tritt bei akutem Verlauf nach etwa 10 Tagen, oft auch erst nach 3 bis 4 Wochen, unter Krämpfen der Bein- und Nackenmuskulatur ein.

Therapie: keine, einschläfern

Die *Meerschweinchenpest* ist eine tödlich verlaufende Infektionskrankheit. Die Tiere gehen nach zirka 3 Tagen ein, ohne daß Symptome zu erkennen waren.

Gelegentlich sind Krämpfe kurz vor dem Verenden zu beobachten. Außer dem Lähmevirus läßt sich stets die Bakterienart Salmonella typhisuis, der Erreger des Schweinetyphus, nachweisen.

8. Weitere Erkrankungen

Die *Pseudotuberkulose* ist eine bakterielle Infektionskrankheit, die sich seuchenartig ausbreiten kann. Die Lymphknoten sind stark vergrößert. Der Tod tritt bei akutem Verlauf innerhalb von 24 Stunden ein.

Die chronische Verlaufsform führt zu Abmagerung, Lähmung und Schwäche. Die Tiere verenden nach etwa 3 bis 4 Wochen.

Die Erkrankung ist hochgradig ansteckend und kann auf den Menschen übertragen werden (Zoonose). Die Infektion erfolgt durch die Aufnahme von infiziertem Grünfutter, welches durch den Kot von Tauben (insbesondere Ringeltauben) oder auch erkrankten Kaninchen und Hasen verunreinigt ist.

Therapie: keine, einschläfern

Abb. 25 Himalaya: Die „Siamkatze" unter den Meerschweinchen; Bes. I. Vorwerk, Dorfmark

Abb. 26 Rex mit Holländer-Zeichnung, Rot-Weiß, Jungtier; Bes. S. Wagner, Leopoldshöhe

Abb. 27 Dalmatiner, Schwarz, Dalmatiner tragen eine Blesse; Zü. und Bes. B. Klee, Breuna

Abb. 28 Glatthaar, Goldagouti; Bes. T. Schwedthalm, Delligsen

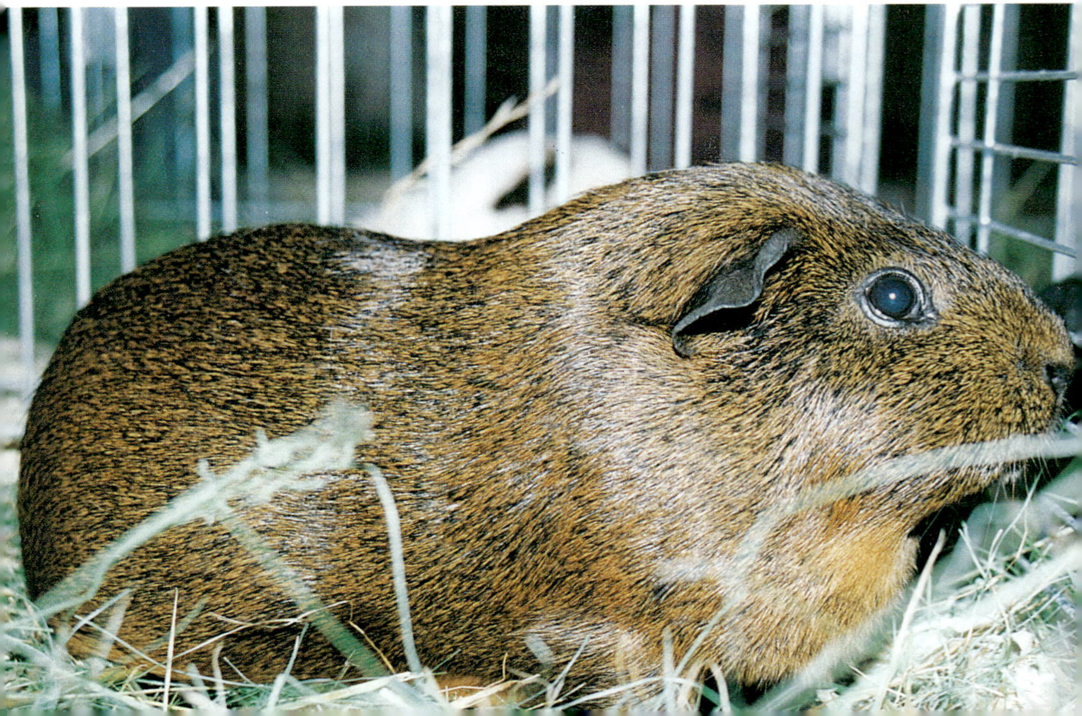

Abb. 29 Coronet, Goldagouti-Rot-Weiß; Bes. D. Groth, Salzgitter

Abb. 30 Dalmatiner-Jungtier, noch nicht ausgefärbt; Bes. S. Kassau, Ahlden

Abb. 31 Texel, Rot, halbhängende Ohren sind erwünscht; Bes. S. Wagner, Leopoldshöhe

Abb. 32 Texel, Rot-Weiß, Texel tragen Löckchen; Bes. S. Wagner, Leopoldshöhe

Tumoren
Tumoren treten beim Meerschweinchen vor allem ab einem Alter von 4 Jahren auf. Am häufigsten kommen Tumoren in den Brustdrüsen und den Ovarien vor.

Therapie: abhängig von tierärztlicher Diagnose

Stoffwechselerkrankungen
Fehler in der Ernährung des Meerschweinchens sind sehr häufig der Wegbereiter für Infektionserkrankungen und Parasitenbefall.

Grün- und Körnerfutter soll man deshalb immer nur in *frischem* Zustand füttern. Vitamine im Fertig- oder Alleinfutter sind maximal drei Monate haltbar!

Vitamin C kann vom Meerschweinchen nicht selbst gebildet werden. Es muß daher täglich (wie bei uns Menschen) mit der Nahrung zugeführt werden (siehe Kapitel Fütterung).

Bei Vitamin-C-Mangel kommt es zu Lähmungserscheinungen, aufgetriebenen Gelenken und Blutungen in der Muskulatur. Die Tiere liegen mit abgespreizten Beinen viel auf der Seite und sterben schließlich.

Therapie: reichliche Verfütterung von Vitamin-C-haltigen Produkten, bei gleichzeitiger Verabreichung von Vitamin B 12 (siehe auch Vitamintabelle)

Trächtige Meerschweinchen haben einen sehr hohen Glucosebedarf. In dieser Zeit ist ganz besonders auf eine ausgewogene Ernährung zu achten.

Besonderheiten
Müssen für eine Therapie Antibiotika verabreicht werden, sollte das Medikament injiziert und nicht oral verabreicht werden, da sonst Störungen im komplizierten Verdauungstrakt zu befürchten sind.

Meerschweinchen reagieren sehr empfindlich auf solche Antibiotika, die durch Unterdrückung der grampositiven Keimflora zur Vermehrung koliformer Keime führen.

Penicillin, Streptomycin, Erythromycin und Tylosin dürfen nicht verabreicht werden.

Eher verträglich sind Sulfonamide, Chloramphenicol und Neomycin.

Kranke Meerschweinchen müssen von gesunden Tieren isoliert gehalten werden. Eine regelmäßige Desinfektion des Käfigs, eine eigene Flaschenbürste und weitere Hygienemaßnahmen können die Therapie unterstützen.

Bei Zoonosen, das sind Infektionskrankheiten, die von Tieren auf Menschen und umgekehrt übertragen werden können, ist besondere Vorsicht beim Umgang mit den infizierten Tieren geboten.

Im allgemeinen wird die Gefahr einer Übertragung von Krankheiten durch Tiere jedoch eher überbewertet. Die Wahrscheinlichkeit, sich als Mensch bei seinen Mitmenschen mit Krankheiten anzustecken, ist vermutlich größer, als an einer Zoonose zu erkranken.

Selbstverständlich sollten neu hinzugekaufte Tiere erst einmal vier Wochen isoliert gehalten und beobachtet werden. Zum Beispiel beträgt die Inkubationszeit der Meerschweinchenlähme 9 bis 23 Tage.

Eine Unsitte vieler Besucher ist es, die Meerschweinchen nicht nur anzusehen, sondern die Tiere auch gleich anzufassen. Durch dieses gedankenlose Verhalten sind schon oft Krankheiten übertragen worden, von deren Existenz der Besitzer (und manchmal auch der Besucher) noch nichts wußte.

Der Transport von lebenden Tieren, ohne ständige menschliche Betreuung, führt oft zu streßbedingten Erkrankungen, die nicht selten während oder nach dem Versand vorzeitig tödlich enden!

Das Meerschweinchen als Versuchstier

Die Verwendung von Meerschweinchen zu medizinischen Versuchszwecken begann etwa 1882, als Robert Koch den Tuberkelbazillus entdeckte und Meerschweinchen zur Diagnostik einsetzte.

Seitdem wurden und werden sie zu vielen Tausenden als Versuchstiere zur Erforschung von Infektionskrankheiten sowie bei der Entwicklung und Prüfung von Impfstoffen für Menschen und Tiere eingesetzt.

Da Meerschweinchen, wie auch der Mensch, Vitamin C nicht selbst bilden können, sondern auf seine Zufuhr mit der Nahrung angewiesen sind, werden sie vor allem in der Vitaminforschung als Versuchstiere eingesetzt.

Auch in der Toxikologie, Pharmakologie, Parasitologie und Immunologie stehen Meerschweinchen im Dienst der Wissenschaft.

Teil II

Seit Jahren suchen Meerschweinchenfreunde und Züchter vergeblich nach Büchern, um etwas über die Vererbung des Meerschweinchens zu erfahren. Es gibt zwar einige Wissenschaftler, die sich mit diesem Thema befaßt haben. Hier sind die Amerikaner *Castle* und *Wright* sowie der Franzose *Pictet* hervorzuheben. Allerdings ist die Fachsprache in der wissenschaftlichen Literatur dem Nichtwissenschaftler mitunter nur schwer verständlich.

Daher ist es mir auch ein Anliegen, den Meerschweinchenzüchtern praktische Kenntnisse über die Vererbung in einer verständlichen Form anzubieten. Tatsächlich sind Fachausdrücke bei dieser komplexen Materie unumgänglich. Zudem ist die Wissenschaft der Meerschweinchenzucht natürlich wesentlich umfangreicher, als in diesem Buch abgehandelt werden kann.

Vererbung der Fellfarben

Leider können viele Meerschweinchenliebhaber die Farben ihrer Tiere nicht exakt benennen. Das führt nicht nur zu großen Mißverständnissen, sondern auch dazu, daß mit etlichen Tieren viele Testpaarungen umsonst durchgeführt werden. Dabei genügen oft nur wenige Tiere und ein bißchen Verständnis für die Vererbungslehre um die gewünschten Farben in relativ kurzer Zeit zu bekommen. In der Farbenzucht spielt das Phänomen der Wechselwirkung der Gene und der Epistasie eine große Rolle.

Die Fellfarbe aller Säugetiere bestimmt das Hautpigment Melanin. Es kommt in zwei verschiedenen Formen vor:

Eumelanin ergibt eine schwarze oder braune Fellfarbe

Phaeomelanin führt zu roter oder gelber Farbe.

Durch veränderliche Menge, Form sowie Anordnung der beiden Pigmentarten, kann durch genetische Steuerung das farbliche Aussehen der Haare stark verändert werden. Die Pigmentkörnchen werden in besonderen, darauf spezialisierten Zellen, den Melanozyten, erzeugt. Diese lagern sich den Haarbulben im Haarbalgtrichter an und werden in den Phasen des Haarwachstums aktiv.

Wer sich schon einmal intensiver mit der Genetik befaßt hat, wird wissen, daß es sich bei der Vererbung um ungeheuer komplizierte, noch nicht vollständig erforschte chem.-biologische Prozesse handelt. Glücklicherweise ist es nicht notwendig, alle diese Vorgänge zu kennen, um Meerschweinchen zu züchten. Etwas Grundwissen darüber erleichtert jedoch das Verständnis für die Vererbung der Fellfarben (Fachliteratur über die Genetik gibt es genügend).

Hier einige Grundbegriffe der Genetik:

Die Träger der genetischen Information befinden sich im Zellkern. Sie heißen *Chromosomen.* Das sind dunkel färbbare fadenähnliche Strukturen, die erst bei der Zellteilung, und dann auch nur unter starken Mikroskopen, sichtbar werden. Sie bestehen aus Desoxyribonukleinsäure (DNS) und sind von Eiweißmolekülen, den sogenannten Histonen, umgeben. Jedes Gen hat seinen unveränderlichen Platz auf einem ihm zugehörigen Chromosom.

Die Anzahl der Chromosomen ist für jede Spezies charakteristisch. So haben Hunde immer 39, Katzen 19, Pferde 33, Rinder 30, Menschen 23, Schimpansen 24, Mäuse 20, Nashörner 42 und Meerschweinchen 32 Chromosomenpaare. Je mehr ein Zellkern von ihnen aufweist, desto kleiner sind sie.

Die Chromosomen eines Paares sind in Form und Größe identisch (homolog). Eine Ausnahme bilden die beiden Geschlechtschromosomen: Das X-Chromosom, aus dem sich weibliche Lebewesen entwickeln, sowie das Y-Chromosom, das für männliche Individuen steht.

Bei der Bildung von Geschlechtszellen (Meiosis) trennen sich die Chromosomenpaare, so daß jede Samen- und jede Eizelle den einfachen Chromosomensatz hat. Vereinigt sich bei der Befruchtung eine Ei- mit einer Samenzelle, ist wieder der doppelte Satz vorhanden. Auf diese Weise erhalten Nachkommen von beiden Eltern je einen Chromosomensatz. Das heißt, daß jeder Elternteil gleich viel von seinen Erbanlagen an die Nachkommen weitergibt.

Die Größe der Eizellen wird beim Meerschweinchen mit 100 μm und die der Spermien mit 93 μm (davon nimmt der Kopf 13 μm ein) angegeben.

Unter *Gen* versteht man die Einheit der Funktion, das heißt, die biochemische Wirksamkeit, durch die die Herausbildung von Merkmalen bewirkt wird.

Als *Allele* bezeichnet man unterschiedliche Formen desselben Gens, die die gleichen Entwicklungsprozesse, wenn auch auf verschiedenen Wegen, beeinflussen.

Homozygot ist ein Lebewesen, welches ein Gen für eine bestimmte Erbanlage doppelt besitzt und daher nur eine Art von Keimzellen produziert.

Heterozygot ist ein Lebewesen, welches zwei verschiedene Allele desselben Gens für eine bestimmte Erbanlage besitzt und daher zwei Arten von Keimzellen produziert.

Eine sprunghaft auftretende Merkmalsänderung, die sich weitervererbt, bezeichnet man als *Mutation*. Es gibt 3 Typen solcher Veränderungen:

1. Genommutationen
2. Chromosomenmutationen
3. Genmutationen

Eine *Genommutation* tritt auf, wenn sich die Zahl der Chromosomen verringert oder erhöht. Sie führt meist schon beim Embryo zum Tod oder hinterläßt schwere körperliche und geistige Schäden (z. B. Mongolismus beim Menschen). Demgegenüber zeigen Kulturpflanzen wie Kartoffeln, Hafer oder Weizen eine Verdoppelung oder Vervielfachung der Chromosomensätze, ohne Schaden zu nehmen.

Chromosomenmutationen entstehen dadurch, daß die Struktur der Chromosomen verändert wurde. So kann z. B. ein abgebrochenes Bruchstück verlorengehen oder sich falsch anlagern.

Genmutationen sind Veränderungen an sehr kleinen, nicht sichtbar zu machenden, Abschnitten, die sich im Phänotypus jedoch sehr deutlich zeigen können. Da meist nur ein Allel eines Chromosomenpaares mutiert, tritt, falls der Wildtypus dominant ist, das mutierte Gen erst in einem reinerbigen Lebewesen in Erscheinung.

Mutationen lassen sich auch durch Chemikalien, Röntgenstrahlen, am stärksten aber durch UV-Bestrahlung, provozieren.

Als *Genotyp* bezeichnet man den gesamten Erbanlagenbestand eines Lebewesens, der *Phänotyp* ist das Erscheinungsbild eines Tieres, als Ergebnis der Wechselwirkung von Genotyp und Umwelt.

Für Fellfarben, Muster und Merkmale gibt es bestimmte Fachausdrücke, die (meistens) unmißverständlich aussagen, was gemeint ist. Sie haben von den Wissenschaftlern international gebräuchliche Buchstabenkürzel erhalten. Dazu gehört auch die Schreibweise der Gene. Großbuchstaben stehen für dominante Gene. Rezessive Gene werden stets klein geschrieben.

Dominant ist ein Allel eines Allelpaares, dessen Wirkung bei Ausschluß der Wirkung des anderen Allels zur Geltung kommt und daher den Phänotyp bestimmt. Tiere, die ein dominantes Gen heterozygot besitzen, sind von Tieren, die diese Anlage homozygot besitzen, nicht zu unterscheiden. Dies ist nur durch Testpaarungen möglich.

Rezessiv ist ein Gen oder Merkmal, das bei Anwesenheit seines dominanten Allels nicht wirksam werden kann.

Der rezessive Faktor kann unerkannt von den Heterozygoten (Spalterbigen) über Generationen weitergetragen werden, bis ein Nachkomme auf einen entsprechenden rein- oder spalterbigen Partner trifft, der das „verborgene" Merkmal ebenfalls trägt.

Epistatisch ist ein Gen, das sich trotz der Anwesenheit anderer **nicht** alleler Gene durchsetzt, die andere oder gegensätzliche Eigenschaften bewirken. Die Epistasie ist der Dominanz ähnlich, nur daß sie die Beziehung **nicht** alleler Gene untereinander betrifft. Gegenteil von epistatisch = hypostatisch.

Beispiel: Ein einfarbiges Meerschweinchen in rot (oder verdünntem rot, also gelb, creme oder weiß), besitzt auch die Gene für Agoutizeichnung, oder schwarze oder schokoladenbraune Fellfarbe, jedoch können sich diese anderen Farben gegenüber dem rot nicht durchsetzen.

Die Grundlage der Farbenzucht ist die Mendelsche Vererbungstheorie. Sie besagt:

1. Bei der Kreuzung zweier reinrassiger Individuen sind die F_1-Nachkommen unter sich gleich (F_1 = Filial- = Tochtergeneration). Diese Nachkommen nehmen entweder eine Mittelstellung zwischen ihren Eltern ein (intermediäre Vererbung) oder sie zeigen nur das Merkmal des einen Elternteils (dominanter Erbgang). Dabei tritt das Merkmal des anderen Elterntieres nicht in Erscheinung. Es ist rezessiv vorhanden.

2. Werden die F_1-Individuen untereinander gekreuzt, sind die Nachkommen der F_2-Generation unter sich nicht gleich. Beim intermediären Erbgang spalten die Nachkommen im Verhältnis 1 : 2 : 1 untereinander auf. Das heißt, je ¼ der Nachkommen gleichen einem Teil der Großeltern und ½ ähneln den Eltern. Bei dominanter Vererbung zeigen ¾ der Nachkommen in der F_2-Generation das dominante und ¼ das rezessive Merkmal.

3. Kreuzt man Rassen, die sich in mehreren Merkmalen unterscheiden, so treten in der Nachkommenschaft neue Merkmalskombinationen auf, da jedes Merkmal nach dem ersten und zweiten Mendelschen Gesetz vererbt wird (3. Mendelgesetz von der Neukombination der Gene).

Gregor Mendel (1822 bis 1884) war in Brünn Augustinerprior und Lehrer für Naturgeschichte und Physik. Bei seinen Kreuzungsversuchen an Erbsen fand er die Gesetze für die Vererbung einfacher Merkmale, die nach ihm benannt wurden. Erst um 1900 wurde die Tragweite der *Mendelschen Gesetze* erkannt, die seitdem für Mensch, Tier und Pflanze gleichermaßen anerkannt sind.

Beispiel für dominanten Erbgang:

Die Verpaarung eines reinerbigen schwarzen Tieres (EE, volle Ausdehnung der schwarzen Farbe) mit einem roten Partner, der sein rezessives Allel (ee) reinerbig besitzt. Die Mischlinge der F_1-Generation erscheinen phänotypisch schwarz.

P (Parents = Eltern)	schwarz		rot
	EE		ee

F_1	nur schwarz	
	EE	Ee

F_2	schwarz	schwarz	rot
	EE	Ee	ee
	1 :	2 :	1

Werden Tiere mit mehreren Merkmalspaaren gekreuzt, ergeben sich in den folgenden Generationen neue Merkmalskombinationen mit bestimmten Häufigkeiten:

Zum Beispiel:

P		d.sepia	rot (beide Tiere aa, BB, SS)
		EE $c^d c^d$	ee CC

F_1		schwarz	schwarz
		EE Cc^d	Ee Cc^d

F_2	schwarz	schwarz	schwarz	rot
	EE CC	Ee CC	Ee CC	ee CC
	schwarz	schwarz	schwarz	rot
	EE Cc^d	Ee Cc^d	Ee Cc^d	ee Cc^d
	schwarz	schwarz	schwarz	rot
	EE Cc^d	Ee Cc^d	Ee Cc^d	ee Cc^d
	d.sepia	d.sepia	d.sepia	gelb
	EE $c^d c^d$	Ee $c^d c^d$	Ee $c^d c^d$	ee $c^d c^d$

Es gibt also 16 Möglichkeiten im Verhältnis 9 : 3 : 3 : 1.

Je mehr solcher Genpaare an einer Kreuzung beteiligt sind, desto komplizierter werden die Kombinationen und Austauschmöglichkeiten; ebenso,kompliziert werden dann auch die mathematischen Berechnungen.

Dieses Beispiel zeigt auch die Möglichkeit, aus einer Paarung zweier schwarzer Meerschweinchen d.sepia, roten und gelben Nachwuchs zu bekommen. Aus gelben Eltern können jedoch niemals schwarze, d.sepia oder rote Tiere gezogen werden. Sind bei einem Erbgang drei voneinander unabhängige Genpaare beteiligt, entstehen in der F_2-Generation acht verschiedene Genotypen im Verhältnis $27 : 9 : 9 : 9 : 3 : 3 : 3 : 1$.

Die Verhältnisse, die bei Zuchtversuchen tatsächlich zutage treten, stimmen nicht immer mit den errechneten überein. Nämlich dann nicht, wenn man nur eine kleine Zahl von Jungtieren aufgezogen hat, was bei Meerschweinchen die Regel sein dürfte. Die Theorie gründet sich auf die Annahme, daß die Befruchtung zufällig erfolgt. Das heißt, daß jede Samenzelle die gleiche Chance hat, jede beliebige Eizelle zu befruchten. Die Statistik aber zeigt, daß wenn ein Meerschweinchenpaar einhundert Nachkommen hätte, eine erhebliche Annäherung an die errechneten Werte zu erwarten ist.

Statistische und populationsgenetische Methoden der Erblichkeitserfassung stellen eine Weiterentwicklung der Mendelschen Gesetze, die auf dem Prinzip der freien Kombinierbarkeit der Gene beruhen, dar.

Die Populationsgenetik ist nur als Ergänzung zur Mendel-Vererbung aufzufassen und muß Anwendung finden, wenn man den Erbgang einzelner Erbanlagen unter den Nachkommen nicht mehr verfolgen kann, weil es sich um Eigenschaften handelt, welche durch eine Vielzahl von Genen bedingt werden und durch Umweltfaktoren einer zusätzlichen Modifikation unterliegen. Für das Verständnis der Vererbung von Fellfarbe und Haarstruktur reichen die Mendelschen Gesetze aber vollkommen aus.

Allgemeine Regeln der Farbvererbung beim Meerschweinchen

Für die Farbvererbung sind zwei allele Serien (C, E) und vier einzelne Gen-Paare (A, B, S, P) verantwortlich.

1. A-Paar
   („agouti")

   Gen für die Verteilung von dunklem und hellem Haar,
   A. = agouti
   aa = schwarz

2. B-Paar
   („brown")

   Durch Vorhandensein des Rezessivfaktors
   B. = schwarz
   bb = schokoladenbraun

3. C-Serie
   („chinchilla")

   ergibt die Übergänge von voller Pigmentierung bis fast Albinismus
   C. $\quad$ = volles Pigment, also rot bzw. schwarz
   $c^d c^d$ = gelb $\quad$ bzw. dunkelsepia
   $c^d c^r$ = creme $\quad$ bzw. dunkelsepia
   $c^d c^a$ = creme $\quad$ bzw. hellsepia
   $c^r c^r$ = weiß $\quad$ bzw. dunkelsepia
   $c^r c^a$ = weiß $\quad$ bzw. hellsepia
   $c^a c^a$ = weiß $\quad$ bzw. weiß mit dunklen Körperenden
   $\quad\quad\quad$ (Nase, Ohren und Füße)

4. E-Serie
   („extension")

   Ausdehnungs-Serie, die bestimmte schwarze und rote Fellpartien ausprägt. Es besteht eine Wechselbeziehung mit dem A-Paar.
   E. $\quad$ = schwarz oder agouti
   $e^p e^p$ = schwarz oder agouti und rot
   ee $\quad$ = rot
   Dies gilt selbstverständlich auch für die Verdünnungen des schwarzen und roten Pigments.

5. S-Paar
   („self color")

   führt zu weißen Flecken. Es besteht eine unvollständige Dominanz.
   SS $\quad$ = ohne weiße Flecken
   Ss $\quad$ = weiße Flecken an den Füßen oder über den Körper verteilt
   ss $\quad$ = starke weiße Fleckenbildung

6. P-Paar
   („pale")

   Rezessives Gen, das reinerbig die schwarz pigmentierten Fellpartien aufhellt, ohne rot pigmentiertes Haar zu beeinflussen.
   P. $\quad$ = keine Aufhellung
   pp $\quad$ = schwarz verdünnt zu lilac beziehungsweise schokoladenbraun zu beige
   Auffällig sind die pinkfarbenen Augen. Die Tiere werden recht dunkel geboren, ihre endgültige Färbung wird erst im Alter von 5 bis 6 Monaten sichtbar.

Besonderheiten

1. Reine Albinos und dominantes Weiß (WW), wie es bei Katzen vorkommt, scheint es beim Meerschweinchen nicht zu geben.
2. Die Existenz der nach *Pictets* Hypothese vorhandenen Gene von
   P = generalisierte Scheckung, große weiße Felder
   p = einfarbig
   U = einfarbig
   u = lokalisierte Scheckung, kleine weiße Flecken an Füßen, Kopf oder Rumpf
   bezweifle ich, da bei der Paarung zweier farbiger Tiere mit weißen Füßen durchaus auch Tiere ohne jegliches Weiß geboren werden.
3. Das D-Paar   DD = schwarz
   („dilution")   Dd = blauschwarz
                       dd = blau („Malteser Blau")
   wie es bei Mäusen, Kaninchen, Hunden und Katzen beobachtet wird, kommt beim Meerschweinchen nicht vor. Deshalb bezeichnet man Tiere mit verdünntem Schwarz als Sepia.
4. Das Rn-Paar   RnRn = weiß, überwiegend mit Abnormitäten der Sinnesorgane, semiletal
   („roan")   Rnrn = Dalmatiner- oder Schimmelzeichnung. Einzelne weiße Haare im farbigen Fell; die endgültige Zeichnung wird erst mit 5 bis 6 Monaten sichtbar
                    rnrn = keine Schimmelzeichnung
   Das dominante Gen für „Roan" scheint dem dominanten Gen für „Merle" bei Hunden ähnlich zu sein.

Zusammenfassung

Natürlich gibt es bei der praktischen Zucht auf bestimmte Farben auch Ausnahmen. Diese sind auf modifizierende Gene, Umwelteinflüsse, Stoffwechselstörungen und hormonelle Verhältnisse zurückzuführen.

Leichte Schwankungen in der Farbintensität, wie sie besonders bei den Rottönen zu beobachten sind, dürften dadurch bedingt sein. Eine Erklärung wäre noch die Mutation.

Nicht unerwähnt bleiben sollte noch das Gen c^k aus der C-Serie. Es verdünnt das schwarze Pigment nur wenig und rotes stark.

In der Rasse-Meerschweinchenzucht dürfte dieses Gen eine untergeordnete Rolle spielen, da es cremefarbenes Fell entweder zu dunkel (c^kc^k, c^kc^d) oder zu hell (c^kc^r, c^kc^a) erscheinen läßt.

Züchter von cremefarbenen Tieren könnten das Vorkommen des Gens c^k in ihrem Bestand klären, indem sie ein weißes Tier einkreuzen.

Dann müßten nach der Erbformel

$$c^k c^k \times c^r c^r$$
$$\times c^r c^a \rightarrow$$
$$\times c^a c^a$$

$c^k c^r$ nur weiße Tiere mit cremefarbenem Anflug geboren werden.
$c^k c^a$ (Eiscreme).

Die Farben des Meerschweinchens

Einfarbige Meerschweinchen

schwarz:
: aa B. C. E. SS P.
Die Tiere sollen tiefschwarz sein. Die Augen sind dunkel.

sepia:
: aa B. c·c· E. SS P.
Je nachdem, welche Allele der C-Serie vorhanden sind, weisen die Tiere unterschiedliche Grautöne auf. Die Augen können deshalb dunkel oder rubinrot sein.

lilac:
: aa B. C. E. SS pp
Sieht aus wie fahles Taubengrau. Der Palefaktor verdünnt das Schwarz stark, wodurch die Augen pink werden.
Tiere mit Palefaktor werden sehr dunkel geboren und mit ca. 5 bis 6 Monaten ist die endgültige Farbe erkennbar.

schokolade:
: aa bb C. E. SS P.
Die Tiere sollen wie dunkle Schokolade aussehen, die Hautfarbe paßt sich diesem Farbton an oder erscheint fleischfarben. Die Augen sind dunkel mit schwach rötlichem Schimmer.

beige:
: aa bb C. E. SS pp
Die Tiere werden dunkel geboren und mit etwa 5 bis 6 Monaten ist die endgültige Farbe erkennbar. Sie sehen dann beige, grau-rosa überhaucht aus. Durch den Palefaktor werden die Augen pink.

rot:
: .. bb C. ee SS P.
Dunkles Mahagonirot mit passender Hautfarbe ist der gewünschte Farbton. Die Augen sind dunkel mit schwach rötlichem Schimmer. Dieser Farbton ist Schwankungen unterworfen, auch sind die Tiere bei der Geburt dunkler.

gold:
: .. bb C. ee SS pp
Gewünscht wird ein warmes Orange mit passender Hautfarbe und pinkfarbenen Augen. Dieser Farbton ist Schwankungen unterworfen, Jungtiere sind dunkler.

safran:
: .. bb $c^d c^d$ ee SS pp
Ist die Fellfarbe Buff, verbunden mit fleischfarben/bräunlicher Haut, wie es auch bei den anderen Rottönen erwünscht ist. Die Augen sind pink.

buff:	.... $c^d c^d$ ee SS P.

Ist ein ockergelbes Haarkleid mit dunklen Augen.

creme:	.. bb $c^d c^.$ ee SS P.

Auch dieser Farbton kommt in verschiedenen Schattierungen vor. Gewünscht wird ein rahmfarbenes Creme mit passender Hautfarbe. Die Augen sind dunkel mit schwach rötlichem Schimmer.

weiß:	.... $c^a c^a$ ee .. P.

Erwünscht ist ein reines Weiß, ohne gelblichen oder gräulichen Schimmer. Die Haut erscheint rosa, die Augen sind hellrot.

Dunkeläugige weiße Tiere ($c^r c^r$) haben blaue Augen, sie sind also nicht wirklich dunkel. Auch die Haut erscheint nicht immer rosa wie erwünscht.

Besitzt ein rotes Tier das Gen B anstelle seines Alleles b, wird die Hautfarbe schwärzlich erscheinen. Bei den Verdünnungen von Rot können in diesem Fall etwas dunkle Töne auf der Haut vorkommen.

Mehrfarbige Meerschweinchen

Die Farbe der pigmentierten Körperpartien wird in genau derselben Weise bestimmt wie bei einfarbigen Meerschweinchen. Die Tiere können jedoch einen extremen Grad an Weißfleckigkeit aufweisen, so daß sie rein weiß (mit dunklen Augen) erscheinen.

Die Größe und Anordnung der Felder ist sehr variabel und züchterisch nur schwer zu beeinflussen. Für die Nichterblichkeit spricht, daß jedes Individuum, auch bei Zwillingen, sein eigenes meist asymmetrisches Muster hat. Allerdings läßt sich die Menge des schwarzen Pigments durch Selektion vermehren oder vermindern, mehr rotes Pigment kann man beispielsweise durch $e^P e$ bekommen. Obwohl es gerade bei dreifarbigen Tieren am leichtesten fällt, die genaue Farbe zu erkennen, werden bei Verkaufstieren oft die abenteuerlichsten Farbvariationen angeboten.

Ein dreifarbiges Meerschweinchen kann nicht als Schwarz-Braun-Weiß bezeichnet werden, da Schwarz die Anwesenheit von Braun ausschließt und umgekehrt. Es muß sich also um die Farbe Rot handeln.

Ebenso kann es kein Meerschweinchen in den Farben Schwarz-Creme geben, da die Gene, die für die Verdünnung von Rot zu Creme verantwortlich sind, auch das Schwarz zu Sepia verdünnen.

Die Jungtiere sind, wie bereits gesagt, bei der Geburt dunkler als erwachsene Tiere. In den meisten Fällen kann man schon nach einer Woche die spätere Farbe erkennen.

Auch sind die Farben am Kopf etwas intensiver ausgeprägt als am Körper, was besonders beim Angorameerschweinchen auffällt.

Dreifarbige Meerschweinchen, mit relativ großen Farbflecken in unregelmäßiger Anordnung, kommen in vielen verschiedenen Farbkombinationen vor. Sie sind bei allen Haararten anzutreffen und sind wohl die am meisten gehaltenen Liebhabertiere.

Bei Show-Meerschweinchen wird von den Züchtern beinahe Unmögliches verlangt: So werden zum Beispiel bei der Farbe *Schildpatt* und *Weiß* von einer Mittellinie ausgehende, quadratisch angeordnete, scharf abgegrenzte schwarze und rote Farbfelder gefordert, die auf der gegenüberliegenden Körperseite jeweils die gegenteilige Farbe oder Weiß aufweisen. Auf jeder Körperseite müssen alle drei Farben vorhanden sein.

Sind andere Farben als Schwarz und Rot vorhanden, nennt man ein solches Tier *dreifarbig*; mit Agoutifärbung wird es als *Harlekin* bezeichnet.

Beim *Schildpatt-Meerschweinchen* erscheint dieses Patchwork als Schachbrettmuster ohne Weiß, sind andere Farben als Schwarz und Rot daran beteiligt, ist das Tier *zweifarbig*.

Erscheint dieses von einer Mittellinie ausgehende Muster nicht als quadratische Flecke, sondern als Streifen, wird ein solches Tier *Japaner* genannt. Die eine Gesichtshälfte ist schwarz, die andere rot.

Die Standards der verschiedenen Länder unterscheiden sich hierbei ein bißchen. Einerseits werden alle mehrfarbigen Tiere als zwei- oder dreifarbig bezeichnet, andererseits aber wieder nur eine Farbe in Verbindung mit Weiß als zweifarbig anerkannt.

Als Sonderform gibt es noch das *Holländer-Meerschweinchen*. Es ist ebenfalls schwer zu züchten, da genau abgegrenzte farbige und weiße Felder an bestimmter Position gefordert werden.

Der Kopf und die hintere Körperhälfte sollen farbig sein, es soll eine Blesse haben, ein breiter Mittelstreifen, auch Sattel genannt, sowie die Füße müssen weiß sein.

Hier kann das Wissen um die sogenannten Pigmentzentren der Kulturrassen beziehungsweise die in einer bestimmten Reihen-

Abb. 33 Alpaka, Baby-Trio in Rot und Weiß; Zü. M. Zeddies, Länggöns

Abb. 34 Merino, Schokolade-Buff-Weiß; Zü. und Bes. M. Zeddies, Langgöns

Abb. 35 Glatthaar, Lilac-Weiß, aus dem Tierheim; Bes. S. Kassau, Ahlden

Abb. 36 Glatthaar, Weiß mit blauen Augen; Bes. M. Zeddies, Langgöns

Abb. 37 Satin-Rosette, Rot; Bes. R. Kornienko, Hammer

Abb. 38 Satin-Rosette, Schwarz-Rot und Buntschimmel; Bes. R. Kornienko, Hammer

Abb. 39
Wieselmeerschweinchen
(Galea musteloides);
Bes. F. Diehl, Frankfurt;
Foto: D. Altrichter

Abb. 40
Wildmeerschweinchen
(Cavia aperea);
Bes. F. Diehl, Frankfurt;
Foto: D. Altrichter

Abb. 41
Bergmeerschweinchen/
Felsenmeerschweinchen
(Kerodon rupestris);
Bes. F. Diehl, Frankfurt;
Foto: D. Altrichter

folge ablaufende Depigmentierung eine Hilfe bei der Zuchtauswahl sein.

Ein erfahrener Hundezüchter würde sich auch sehr wundern, wenn er in einem Wurf einen schwarzen Welpen mit einem weißen Ohr vorfinden würde, ohne daß zumindest ein weißer Brustfleck, weiße Läufe und eine weiße Halskrause vorhanden sind.

Auch beim Meerschweinchen verlieren sich die farbigen Bezirke im Augen- und Ohrenbereich erst zuletzt, ein weiterer, wenn auch nicht ganz so dauerhafter Pigmentierungsbereich, befindet sich am Hinterteil.

Holländer werden besonders in den Farben Gold- und Silberagouti sowie Schwarz, Schokolade und Rot gezüchtet. Aber auch viele andere Farben sind möglich.

Agouti

Während das einzelne Haar bei anderen Meerschweinchen immer einfarbig oder weiß ist, teilt sich bei den Agoutis jedes Haar in einzelne Farbzonen auf.

Der Haaransatz und die Spitzen tragen schwarzes Pigment oder eine der Verdünnungen von Schwarz. Kurz unterhalb der Spitze befindet sich ein Band, welches rotes Pigment oder eine der Verdünnungen aufweist. Dadurch erscheint das ganze Fell meliert, was auch der Färbung des Wildmeerschweinchens nahekommt. Unter dem Bauch ist dieses „Ticking" nicht vorhanden, so daß die Färbung an dieser Stelle einfarbig in dem entsprechenden Rotton erscheint.

Die Agoutifärbung läßt sich auf Meerschweinchen aller Haarstrukturen übertragen, ebenso kommt sie bei zwei- oder dreifarbigen Tieren vor, wobei der sonst schwarz pigmentierte Anteil des Fells eben die Agoutifärbung aufweist.

Die Vererbung der Intensität dieser schwarz-roten Zeichnung läuft nach dem gleichen Schema ab wie bei allen anderen Meerschweinchen.

Farbenschläge	Grundfarbe	Bänderung	Augen	Erbformel
Goldagouti	schwarz	rot	dunkel	A. B. C. E. SS P.
Orangeagouti	schoko	rot	dunkel	A. bb C. E. SS P.
Salmagouti	lilac	gold	pink	A. B. C. E. SS pp
Grauagouti	d.sepia	buff	dunkel	A. B. $c^d c^d$ E. SS P.
Schokoagouti	schoko	buff	dunkel	A. bb $c^d c^d$ E. SS P.
Lemonagouti	sepia	creme	dunkel	A. B. $c^d c^r$ E. SS P.
Cremeagouti	schoko	creme	dunkel	A. bb $c^d c^r$ E. SS P.
Silberagouti	d.sepia	weiß	rubinrot	A. B. $c^r c^r$ E. SS P.
Cinnamonagouti	schoko	weiß	rubinrot	A. bb $c^r c^r$ E. SS P.

Diese Farbenschläge sind am häufigsten. Selbstverständlich gibt es noch eine Reihe weiterer Farbenschläge.

Brindle

Bei gestromten Meerschweinchen erscheinen die einzelnen schwarzen und roten Haare 1:1 gemischt. Flecken sind nicht erwünscht.

(Bei entsprechender Auswahl der Elterntiere dürfte es möglich sein, Schwarz- oder Schokoschimmel zu züchten; allerdings auch mit gestromten Köpfen und Füßen. Ohne Letalfaktor – eine echte Alternative!)

Himalaya

Bei den Himalayas handelt es sich um weiße Tiere mit schwarzen oder schokoladenbraun gefärbten Masken, Ohren und Füßen. Die Augen sind rot.

Diese Dunkelfärbung der Körperenden, „Akromelanismus" genannt, kommt auch bei Siamkatzen und Kaninchen vor.

Man erklärt sich dieses Erscheinungsbild durch bestimmte Temperatureffekte auf die Pigmentausbildung. Das bedeutet, daß, je kühler die Tiere gehalten werden, umso ausgeprägter und intensiver die „Points" ausfallen.

Die Tiere werden rein weiß geboren, jedoch bereits 2 Tage nach der Geburt beginnen sich die Körperenden dunkler zu pigmentieren. Mit 8 Monaten ist das Himalaya-Meerschweinchen voll ausgefärbt.

Bei älteren Tieren verdunkelt sich meist die Deckfarbe von Weiß zu einer Art Beige.

Je ausgeprägter die typischen „Points" erscheinen, desto intensiver ist auch das Beige. Erbformel: aa B. $c^a c^a$ E. SS P. für Schwarz

aa bb $c^a c^a$ E. SS P. für Schoko

Dalmatiner und Roan

Das Dalmatinermuster kann in jeder Farbe und jedem Felltyp vorkommen. Die heterozygote Anlage des Gens Rn bewirkt die Reduzierung der Pigmentierung in einigen Fellbezirken zu Weiß, während die verbleibenden Flecken und Sprenkel, genau wie Kopf und Füße, intensiv farbig sind.

Das Dalmatiner-Meerschweinchen trägt eine Blesse.

Beim Schimmel-Meerschweinchen wurden die sonst farbigen Haare durch einzelne weiße Haare unregelmäßig ersetzt. Diese Tiere haben wie das Dalmatiner-Meerschweinchen einfarbige Füße und Köpfe, jedoch ohne Blesse.

Homozygote Tiere RnRn sind mit verschiedenen Abnormitäten der Sinnesorgane behaftet. Dagegen sind Meerschweinchen mit den rezessiven Genen rnrn normal entwickelt, ihre Farbe wird durch den übrigen Genkomplex bestimmt.

Farbe der Augen

Bei Meerschweinchen mit der Erbformel B., C. und P. erscheint die Iris *schwarz*.

Diese Farbausprägung trifft auch für einen Teil der Allele von C, nämlich $c^d c^d$, $c^d c^r$ sowie $c^d c^a$ zu.

Die Allele $c^r c^r$ sowie die Kombination $c^r c^a$ bewirken durch Reduktion des roten Pigments eine Aufhellung der normalen, schwarzen Iris zu hellbraun. Das Auge erscheint *rubinrot*. Weiße Tiere mit dieser Genkombination haben *blaue* Augen.

Kommt zu der völligen Einschränkung des roten Pigments noch die Reduktion des schwarzen Pigments hinzu, wie es bei $c^a c^a$ der Fall ist, werden die Augen *rot*.

Bei Meerschweinchen, die die Allele bb anstelle des B besitzen, wird die Iris ebenfalls heller als schwarz erscheinen. Dies liegt jedoch nicht am niederen Rotpigment-Gehalt (Rubinaugenfaktor), sondern an der Klümpchenbildung der Pigmentkörner. Ein Tier mit der genetischen Formel bb kann deshalb kein schwarzes Pigment bilden. Die aufgehellte Iris erscheint je nach Lichteinfall mit einem *rötlichen Schimmer*.

Als Besonderheit ist noch der Palefaktor zu erwähnen. Die Gene pp bewirken, unabhängig von der jeweiligen Genkombination oder der Fellfarbe, eine Pigmentlosigkeit der Iris, die das Auge *pinkfarben*, also hellrot erscheinen lassen.

Erbformeln verschiedener Meerschweinchenfarben

	A. B. E. SS	A. bb E. SS	A. ... e^P. SS	aa B. E. SS	aa B. e^P. SS	aa bb E. SS	aa bb e^P. SS	. . . . ee SS	Augen
C.	goldagouti	orangeagouti	gold- oder orangeagouti – rot	schwarz	schwarz – rot	schoko	schoko – rot	rot	dunkel
$c^d c^d$	grauagouti	schokoagouti	grau- oder schokoagouti – buff	d.sepia	d.sepia – buff	h.schoko	h.schoko – buff	buff	dunkel
$c^d c^r$	lemonagouti	cremeagouti	lemon- oder cremeagouti – creme	d.sepia	d.sepia – creme	m.schoko	m.schoko – creme	creme	dunkel
$c^d c^a$	h.lemon-agouti	h.cremeagouti	h.lemon- oder h. cremeagouti – creme	h.sepia	h.sepia – creme	h.schoko	h.schoko – creme	creme	dunkel
$c^r c^r$	silberagouti	zimtagouti	silber- oder zimtagouti – weiß	d.sepia	d.sepia – weiß	m.schoko	m.schoko – weiß	weiß	rubinrot
$c^r c^a$	h.silber-agouti	h.zimtagouti	h.silber- oder h. zimtagouti – weiß	h.sepia	h.sepia – weiß	h.schoko	h.schoko – weiß	weiß	rubinrot
$c^a c^a$	Himalaya Points vermutlich silberagouti	Himalaya Points vermutlich zimtagouti	weiß vermutlich Farbflecken an den Points	Himalaya Points schwarz	weiß vermutlich Farbflecken an den Points	Himalaya Points schoko	weiß vermutlich Farbflecken an den Points	weiß	rot

Kommt noch Weißscheckung hinzu, das bedeutet ss oder Ss anstelle von SS, handelt es sich im oberen Teil der Tabelle bei E. oder ee um ein zweifarbiges, bei e^P. um ein dreifarbiges Meerschweinchen, darunter immer um ein zweifarbiges Tier.

Einige Beispiele für die zu erwartenden Ergebnisse verschiedener Farbkreuzungen

Schwarz	× Schwarz	Bei homozygoten Eltern schwarz, bei heterozygoten auch jede andere Farbe außer Agouti
Schoko	× Schoko	Bei Homozygoten Schoko, bei Heterozygoten auch jede andere Farbe außer Agouti, Schwarz, Sepia und Lilac
Rot	× Rot	Bei homozygoten Eltern Rot, bei heterozygoten auch Gold, Safran, Buff, Creme und Weiß
Safran	× Safran	Nur Safran
Buff	× Buff	Nur Buff oder Safran
Creme	× Creme	Nur Creme, Buff, Safran und Weiß
Weiß	× Weiß	Nur Weiß
Schwarz Schwarz Schwarz Schwarz	× Schoko × Sepia × Lilac × Beige	Bei homozygoten Eltern Schwarz, bei heterozygoten außer Agouti alle Farben
Schwarz Schwarz	× Rot × Gold	Bei homozygoten Eltern Schwarz, eventuell auch Goldagouti, bei heterozygoten alle Farben
Schwarz Schwarz	× Safran × Buff	Bei homozygoten Eltern Schwarz eventuell auch Goldagouti, bei heterozygoten alle Farben außer Weiß, Himalaya und Agoutis mit weißer Bänderung
Schwarz	× Creme	Alle Farben
Schwarz	× Weiß	Bei homozygoten Eltern Schwarz eventuell auch Goldagouti, bei heterozygoten alle Farben außer Grauagouti, Schokoagouti, Buff und Safran
Sepia	× Schoko	Außer Agouti alle Farben
Sepia Sepia	× Rot × Gold	Alle Farben
Sepia	× Weiß	Alle Farben außer Grauagouti, Schokoagouti, Buff und Safran
Schoko	× Lilac	Außer Agouti alle Farben

Goldagouti	× Goldagouti	Bei homozygoten Eltern Goldagouti, bei heterozygoten alle Farben
Schoko	× Weiß	Alle Farben außer Grauagouti, Schokoagouti, Buff und Safran
Rot	× Weiß	Nur Rot, Gold, Creme und Weiß
Goldagouti	× Silberagouti	Alle Farben außer Grauagouti, Schokoagouti, Buff, Safran, Himalaya und Weiß mit hellroten Augen. Bei homozyogten Eltern nur Goldagouti
Goldagouti	× Grauagouti	Bei homozygoten Eltern Goldagouti, bei heterozygoten alle Farben außer Weiß, Himalaya und Agoutis mit weißer Bänderung
Goldagouti	× Schokoagouti	Alle Farben außer Weiß, Himalaya und Agoutis mit weißer Bänderung. Bei homozygoten Eltern nur Goldagouti
Goldagouti	× Lemonagouti	Alle Farben außer Weiß mit hellroten Augen und Himalaya

Goldagouti	× Schwarz	
Goldagouti	× Schoko	
Goldagouti	× Rot	
Goldagouti	× Gold	
Goldagouti	× Weiß (d. A.)	Bei homozygoten Eltern Goldagouti, bei heterozygoten alle Farben
Salmagouti	× Schwarz	
Salmagouti	× Schoko	
Salmagouti	× Rot	
Salmagouti	× Gold	
Salmagouti	× Weiß (d. A.)	

Goldagouti	× Creme	Alle Farben
Salmagouti	× Creme	

Grauagouti	× Schwarz	
Grauagouti	× Schoko	Bei homozygoten Eltern Goldagouti, bei heterozygoten alle Farben außer Weiß, Himalaya und Agoutis mit weißer Bänderung
Grauagouti	× Rot	
Grauagouti	× Gold	
Schokoagouti	× Schwarz	

Lemonagouti	× Schwarz	
Lemonagouti	× Schoko	Alle Farben, außer Weiß mit hellroten Augen und Himalaya
Lemonagouti	× Rot	
Lemonagouti	× Gold	
Cremeagouti	× Schwarz	

Silberagouti	×	Schwarz	
Silberagouti	×	Schoko	
Silberagouti	×	Rot	
Silberagouti	×	Gold	
Cinnemonagouti	×	Schwarz	

Bei homozygoten Eltern Goldagouti, bei heterozygoten alle Farben außer Grauagouti, Schokoagouti, Buff, Safran, Weiß mit hellroten Augen und Himalaya

Voraussetzung bei Agoutis und einfarbigen Meerschweinchen ist, daß die Tiere keine Gene für rezessive Weißscheckung besitzen, da sie sonst zweifarbig, Grundfarbe und Weiß, im Extremfall auch rein weiß, erscheinen.

Mehrfarbige Meerschweinchen, bedingt durch das Gen e^p., erscheinen

Schwarz – Rot
Schoko   – Rot
Sepia   – Buff, Creme oder Weiß
Schoko   – Buff, Creme oder Weiß (wobei das Schoko heller oder
             auch mit einem Grauton auftreten kann).

Die Agoutis weisen den jeweiligen Rotton der Bänderung als Zweitfarbe auf.

Die Farben Lilac und Beige kommen ebenfalls in Verbindung mit den verschiedenen Rottönen vor.

Besitzen die Tiere außerdem die Gene für rezessive Weißscheckung, handelt es sich um dreifarbige Meerschweinchen.

Meerschweinchenrassen

1. Glatthaar
2. Schopf
3. Satin
4. Rex
5. Rosetten
6. Angora
7. Sheltie
8. Coronet
9. Texel
10. Alpaca
11. Merino

Allgemein bekannt sind Glatthaarmeerschweinchen, wildfarben oder gescheckt, so wie sie im 16. Jahrhundert zu uns nach Europa gelangten. Auch Rosettenmeerschweinchen mit ihrem Wirbelhaar hat sicher jeder schon einmal gesehen. Kaum bekannt jedoch ist, daß Meerschweinchenfreunde seit etwa 100 Jahren gezielt Fellfarben, Musterungen und Haarstrukturen durch die Auswahl ihrer Zuchttiere planen.

Durch im Laufe der Zeit aufgetretene Mutationen und gezielte Zucht sind bis heute 11 Meerschweinchenrassen entstanden, die sich in ihrer Haarstruktur voneinander unterscheiden.

Die vielen verschiedenen Farben und Musterungen der heutigen Tiere können bei allen Rassen vorkommen.

Körperbau

Alle Rassemeerschweinchen sollen einen festen, muskulösen Körperbau aufweisen. Ein breiter Kopf mit weit auseinanderstehenden Augen und einer abgerundeten Nasenpartie verleiht dem Tier mit seinem kurzen Nacken und der breiten, gut bemuskelten Schulterpartie ein kompaktes Aussehen. Der Rücken darf nicht zu lang sein, die Beine sind kurz. Große, klare Augen und halbhängende Ohren mit einer leichten Welle in der Mitte sind erwünscht.

Rassemeerschweinchen

1. Glatthaar:
Das Glatthaarmeerschweinchen kam bereits im 16. Jahrhundert aus Südamerika nach Europa. Es hat ein kurzes, glattes Fell, die Haare sind dicht und liegen eng am Körper an. Die Haare sind in Gruppen von 6 bis 9 Stück und in Querreihen von einem Millimeter Abstand angeordnet. Haben die Haare von Glatthaarmeerschweinchen eine durchschnittliche Länge von 17 bis 18 Millimetern und eine Dichte von etwa 162 Haaren pro Quadratzentimeter erreicht, wachsen sie nicht mehr weiter. Der Kopf hat eine runde Nase. Der Körper sollte von den Schultern bis zur Hüfte gleich breit sein.

Erbformel für die Haarstruktur: LL rhrh SnSn stst RxRx

2. Schopf:
Das Schopfmeerschweinchen wurde erstmals in Nordamerika gezüchtet und kam 1972 über Kanada nach Europa. Es ist ein Glatthaarmeerschweinchen mit einem Schopf auf dem Oberkopf, zwischen Ohren und Augen, der einen zentralen Mittelpunkt hat.
Während er beim Englischen Schopfmeerschweinchen dieselbe Farbe hat wie das übrige Fell, ist er beim Amerikanischen Schopfmeerschweinchen andersfarbig.

Erbformel für die Haarstruktur: LL rhrh SnSn Stst RxRx

3. Satin:
Das Satinmeerschweinchen trat erstmals in den 70er Jahren in Nordamerika auf, und kam Anfang der 80er Jahre nach Europa. Es ist ein Glatthaarmeerschweinchen mit schimmerndem, glänzendem Fell. Seine einzelnen Haare sind dichter angeordnet als beim Glatthaarmeerschweinchen. Der Satinfaktor bewirkt eine Aushöhlung des

Haarschaftes, wodurch der besondere Glanz entsteht. Satinmeerschweinchen zeigen nicht selten ein hektisches, ängstliches Verhalten und Aggressivität untereinander. Zudem besteht eine hohe Jungtiersterblichkeit und oft eine ungewöhnliche Kleinwüchsigkeit. Das legt den Verdacht nahe, daß hier eine Abnormität der Hypophyse vorliegen könnte. Züchtern wird geraten, reinerbige Tiere mit mischerbigen zu paaren. Der rezessive Satinfaktor läßt sich auf alle Farben und Rassen übertragen.

Erbformel für die Haarstruktur: LL rhrh snsn stst RxRx

4. Rex:

Diese Mutation trat 1919 zum ersten Mal auf. Die heutigen Tiere stammen aus einem Wurf, der 1975 in England fiel. Es handelt sich um ein Glatthaarmeerschweinchen, bei dem das Fell durch das fehlende Deckhaar wellig, gekräuselt wirkt. Das krause Fell soll maximal 13 Millimeter lang sein und auf Berührung elastisch reagieren. Das Tier sieht aus, als wäre ein Glatthaarmeerschweinchen gegen den Strich gebürstet worden, denn die Haare stehen wie gesträubt vom Körper ab. In Kanada trat Ende der 60er Jahre ebenfalls eine Mutation mit gekräuseltem Haar auf, die jedoch durch ein dominantes Gen verursacht wird. Die Tiere werden dort Teddy genannt. Sie kommen mit rauhem oder weichem Haar vor.

Erbformel für die Haarstruktur: LL rhrh SnSn stst rxrx

5. Rosetten:

Das Rosettenmeerschweinchen war schon 1886 in England bekannt. Tiere mit dieser Fellstruktur tragen zu Rosetten geformte Haarwirbel, die über den ganzen Körper verteilt sind. Die Kämme dazwischen sollen bürstenartig hochstehen. Bei Rassetieren ist eine bestimmte Anzahl und Anordnung der Rosetten erwünscht, und zwar: vier Rosetten um das Hinterteil herum, vier in einer direkten Linie entlang des Körpers und ein oder zwei Wirbel auf jeder

Schulter. Das Haar ist etwa 3,5 Zentimeter lang und soll sich harsch anfühlen, was bei Böcken leichter zu erreichen ist.

Erbformel für die Haarstruktur: LL RhRh SnSn stst RxRx

6. Angora:

Auch das Peruanische Meerschweinchen ist eine recht alte Rasse. Aus dem Jahr 1880 ist ein ausgestopftes Exemplar bekannt. Die Rasse soll erstmals in Paris vorgestellt worden sein. Die Tiere haben lange, feine, dichte, seidig glänzende Haare, welche – bei Show-Tieren durch Aufwickeln auf Baumwoll-Läppchen – 50 Zentimeter lang werden können. Normalerweise nutzen sie sich jedoch u. a. durch Schleifen auf dem Boden ab und sind dann noch 15 bis 18 Zentimeter lang. Durch die Länge der Haare bildet sich ein Mittelscheitel, die seitlichen und hinteren Haare sollten gleich lang sein. Angorameerschweinchen tragen zwei Wirbel am Hinterteil, so daß sie dadurch überbaut wirken. Auch auf dem Kopf befindet sich zwischen Ohren und Augen ein Wirbel, der das hinter und zwischen den Ohren nach vorn wachsende Haar wie eine Ponyfrisur über das Gesicht fallen läßt.

Erbformel für die Haarstruktur: ll RhRh SnSn stst RxRx

7. Sheltie:

Das Peruanische Seidentier ist eine Variante des Angorameerschweinchens. Es wurde erst 1973 in den englischen Standard aufgenommen. Das Fell soll lang, seidig und dicht sein, es wird ohne Scheitel getragen. An den Seiten ist es oft etwas kürzer als am Hinterteil. Die Schleppe erreicht bei normal gehaltenen Tieren etwa 15 bis 18 Zentimeter, kann aber durch Aufwickeln bis zu 50 Zentimeter lang werden. Im Gesicht sind die Haare kurz, im Ohrbereich beginnt es länger zu werden und soll dann wie eine Mähne über die Schultern fallen. Beim Sheltie sind im Gegensatz zum Angorameerschweinchen keinerlei Wirbel vorhanden.

Erbformel für die Haarstruktur: ll rhrh SnSn stst RxRx

8. Coronet:

Das Coronet ist ein Sheltie mit einem Schopf auf dem Oberkopf zwischen Augen und Ohren, der einen zentralen Mittelpunkt hat. Diese sogenannte Krone ist kreisrund, wie er auch beim Schopfmeerschweinchen gefordert wird.

Erbformel für die Haarstruktur: ll rhrh SnSn Stst RxRx

9. Texel:

Texelmeerschweinchen werden erst seit Mitte der 80er Jahre gezüchtet. Ihre Vorfahren sind Sheltie- und Rexmeerschweinchen. Tiere mit dieser Fellstruktur erscheinen wie Peruanische Seidentiere mit kurzen Haaren im Gesicht und ohne Wirbel. Jedoch sind ihre Haare gewellt, und am Bauch haben sie Löckchen. Die langen Haare fallen links und rechts in einem Mittelscheitel. Die Schleppe kann 15 bis 18 Zentimeter lang werden.

Erbformel für die Haarstruktur: ll rhrh SnSn stst rxrx

10. Alpaka (Alpaca):

Alpakameerschweinchen werden etwa so lange wie Texelmeerschweinchen gezüchtet. Ihre Vorfahren sind Angora- und Rexmeerschweinchen. Die Tiere erscheinen wie Angorameerschweinchen, haben aber krause Haare.

Erbformel für die Haarstruktur: ll RhRh SnSn stst rxrx

11. Merino:

Das Merinomeerschweinchen ist die zuchtgeschichtlich jüngste Rasse. Es handelt sich dabei um ein Texelmeerschweinchen mit Schopf, so wie er auch beim Schopfmeerschweinchen oder Coronet vorkommt.

Erbformel für die Haarstruktur: ll rhrh SnSn Stst rxrx

Für die Ausbildung der rassetypischen Haarstrukturen sind hauptsächlich fünf einzelne Gen-Paare in unterschiedlicher Anordnung verantwortlich.

1.	L-Paar („long")	Gen für kurzes oder langes Haar.
		LL = kurz
		ll = lang
2.	Rh-Paar („rough")	erzeugt rauhes (strubbeliges) oder glattes Haar.
		RhRh = Wirbel
		rhrh = keine Wirbel
		Ein Gen, welches selbst keine Wirkung zeigt, aber die Wirkung des Gens Rh beeinflußt, ist der Modifikator m. Es handelt sich hier vermutlich um einen Genkomplex, da die Heterozygoten recht unterschiedlich ausfallen können.
		M = keine Rosetten, unvollständig dominant
		m = Wirbel werden zu Rosetten geformt
3.	Rx-Paar („Rex")	Rezessives Gen, welches reinerbig krauses Haar verursacht.
		Rx Rx = nicht kraus
		rx rx = kraus
		Nicht identisch mit dem Gen für „Teddy" der amerikanischen Tiere.
4.	Sn-Paar („Satin")	bewirkt einen besonderen Glanz im Fell, verbunden mit Vitalitätsverlusten.
		Sn Sn = Haarschaft nicht hohl
		sn sn = Haarschaft hohl (Satinglanz)
5.	St-Paar („Star")	erzeugt einen kreisrunden Schopf mit zentralem Mittelpunkt auf dem Oberkopf.
		St st = Schopf
		st st = kein Schopf
		Letalfaktor, wie er zum Beispiel auch bei Haubenkanarien vorkommt.

Zuchtmethoden

Eigentlich erscheint es ganz einfach; man läßt ein Weibchen von einem Bock decken und erhält aus dieser Verbindung Nachwuchs.

Züchten im eigentlichen Sinne ist dies jedoch nicht, es erinnert eher an Vermehrung.

Ein Züchter hat eigentlich immer etwas zu verbessern. Sei es die Haltung der Ohren, die Struktur des Haares, die Weite der Schultern oder eine bevorzugte Farbe. So richtig zufrieden ist er selten. Hat er sich gut informiert und genau beobachtet, benötigt er nur wenige Tiere, um sein Zuchtziel zu erreichen, und ist nicht auf etliche Versuchspaarungen angewiesen.

Linienzucht ist eine Standardmethode in der Tierzucht. Nach meinen Erfahrungen ist sie auch in der Meerschweinchenzucht gut anzuwenden. Linienzucht ist ohne ein gewisses Maß an Inzucht nicht möglich. Dagegen ist es sehr wohl möglich, Inzucht ohne Linienzucht zu betreiben.

Fremdpaarungen beinhalten immer Überraschungen. Sie können sich positiv wie negativ auf eine Zucht auswirken. Da die Nachkommen jeweils 50 Prozent der Gene vom Vater und 50 Prozent der Gene der Mutter ererbt haben, kann es vorkommen, daß man durch einen fremden Partner zwar das gewünschte Merkmal erhält, jedoch gleichzeitig eine Reihe von unerwünschten Eigenschaften dazu.

Da jeder Züchter daran interessiert ist, von Zeit zu Zeit „frisches Blut", besser gesagt Gene nicht verwandter Tiere, in seine Zucht einzubringen, könnte es vorteilhafter sein, diesen Blutaustausch schrittweise durchzuführen.

Hat man selbst eine gut durchgezüchtete Linie mit hervorragenden Eigenschaften, ist es weise, sich nach einem Züchter umzuschauen, der ebenfalls solche Tiere besitzt. Aus einer *Verbindung fremder Linien* entstehen oftmals Nachkommen, die ihren Eltern in ihren guten Eigenschaften hoch überlegen sind.

Für eine *Geschwisterpaarung* oder *Rückkreuzung* kann es viele Gründe geben. Sei es, daß man Aufschluß darüber haben möchte, welche Gene bei einem Zuchttier vorhanden sind, oder daß man ein seltenes rezessives Gen nicht verlieren möchte.

Keinesfalls verursacht eine solche Inzucht irgendwelche Schäden, sofern man mit gesunden Tieren züchtet, was selbstverständlich sein sollte.

Die Tatsache, daß es über 100 anerkannte Inzuchtstämme von Nagetieren gibt, die sich durch beste Zuchtleistungen sowie große Vitalität und Widerstandsfähigkeit auszeichnen, widerlegt die verbreitete Ansicht, Inzucht prinzipiell abzulehnen.

Bei der Durchführung einer Linienzucht oder Inzucht ist es wünschenswert zu wissen, auf welche Weise der Grad des Inzuchtverhältnisses und die Größe des Einflusses bestimmt werden können, den ein bestimmtes Tier voraussichtlich auf die Nachkommen einer Paarung haben wird.

Daher ist es sinnvoll, den sogenannten Inzuchtkoeffizienten beziehungsweise den sogenannten Blutanteil zu berechnen.

Er gibt die Wahrscheinlichkeit an, mit der zwei identische Gene, das heißt von demselben Vorfahren stammende Allele, aufeinandertreffen.

Er wird nach der Formel von *Wright* berechnet, der die Wahrscheinlichkeitsrechnung zugrunde liegt, daß die Chance, für einen Nachkommen ein bestimmtes Allel von seinem Vater beziehungsweise von seiner Mutter zu bekommen, gleich 50 Prozent oder $\frac{1}{2}$ ist, die Wahrscheinlichkeit aber, dieses Gen von einem weiter zurückliegenden Vorfahren zu erhalten, sich aber mit der Zahl der dazwischenliegenden Generationen verringert.

$$F_X = \sum (1/2)\, n + n' + 1$$

n   = Zahl der Generationen vom Vater zum gemeinsamen Vorfahren
n' = Zahl der Generationen von der Mutter zum gemeinsamen Vorfahren

Beispiel einer Halbgeschwisterpaarung:

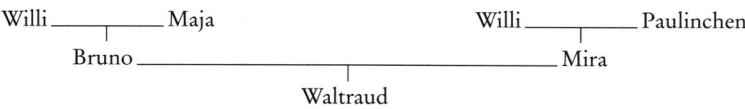

$$F_X = (1/2)^{1+1+1} = (1/2)^3 = (1/8) \text{ oder } 12,5\%$$

Eine einfachere, brauchbare Methode ist die Berechnung des Blutanteils. Ihr wird zugrunde gelegt, daß jeder Elternteil 50 Prozent seines Erbgutes auf einen Nachkommen überträgt, jeder Großelternteil 25 Prozent, jeder Urgroßelternteil 12,5 Prozent.

So steuert ein Meerschweinchenbock, der sowohl das Vater- als auch das Muttertier eines Wurfes gezeugt hat, rechnerisch ebensoviel zur Erbmasse eines Wurfes bei (50 Prozent), als hätte er selbst den Wurf gezeugt.

Beispiel Vollgeschwisterpaarung:

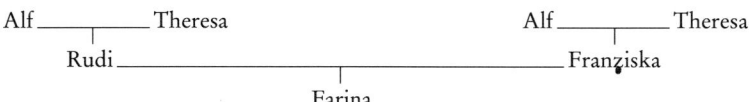

Die Blutsverwandschaft von Farina zu Alf beträgt 50%.

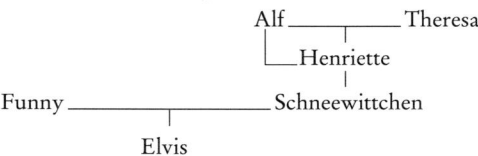

Die Blutsverwandtschaft von Elvis zu Alf beträgt 37,5 Prozent, jedoch besteht zu ihm kein Inzuchtverhältnis.

Durch die Einkreuzung von fremdem Blut durch Funny, der nicht mit Alf verwandt ist, ist die Inzucht, die auf die Paarung von Vater und Tochter zurückgeht, aufgehoben.

Wenn ein bestimmtes Tier im Stammbaum eines Elterntieres viele Male auftritt, nie aber im Stammbaum des anderen Elternteils, dann ist der Wurf nicht ingezüchtet. Der Blutanteil kann ohne Inzucht 50 Prozent nicht übersteigen.

Ein Inzuchtkoeffizient von 25 Prozent bringt sehr gute Zuchtergebnisse und trägt zur Vereinheitlichung des Rassebildes bei.

Durch die Vorausberechnung des Inzuchtgrades oder des sogenannten Blutanteils können gefährlich enge Verpaarungen, die zu schwächlichem Nachwuchs führen, vermieden werden.

Niemals ist Inzucht die Ursache für eine Anomalie oder Erbkrankheit. Sie bringt nur eher ans Tageslicht, was dem Züchter bei anderen Zuchtmethoden länger verborgen bleibt.

Wenn zwei äußerlich vollkommen gesund erscheinende Tiere plötzlich Nachwuchs mit Anomalien hervorbringen, so wurde diese Anomalie durch die bei beiden Elterntieren vorhandenen, krankmachenden Gene verursacht.

Solche Tiere sind selbstverständlich sofort von der Zucht auszuschließen!

Es ist unverantwortlich, diese Tiere dann anderweitig zu verpaaren und somit Erbkrankheiten im Verborgenen auch noch weit zu verbreiten.

Der Inzuchtgrad einer Rückkreuzung ist höher als bei einer Geschwisterpaarung.

Da jedes Elterntier die Hälfte seiner Gene an seine Nachkommen weitergibt, wird dieses Verhältnis, auf die Großeltern bezogen, bei einer Geschwisterpaarung ebenso 50:50 betragen, bei einer Rückkreuzung jedoch 75 : 25.

Die Rückkreuzung ist daher ein praktikabler Weg, eventuelle Träger krankmachender, rezessiver Gene festzustellen, um so Erbkrankheiten aus der Zucht fernzuhalten.

Inzuchtschäden machen sich zunächst durch mangelnde Fruchtbarkeit bemerkbar; später können auch Wachstumshemmungen sowie Krankheitsdispositionen durch Häufung von Defektgenen auftreten.

Sofern ein Zuchtziel *Letalfaktoren*[1] einschließt, darf nicht gleichgültig darüber hinweggesehen werden, daß hier die äußerlich

---

[1] Letal ist ein Gen, welches in reinerbigem Zustand den Tod eines Embryos verursacht. Führt es zu frühzeitigem Tod nach der Geburt (Todesrate > 50 %), ist das Gen semiletal.

erkennbaren Merkmale einer Erbkrankheit, die mit Mißbildungen verbunden ist, als Schönheitsideal dargestellt werden.

Jeder Züchter muß sich darüber im klaren sein, daß es nicht möglich ist, alles auf einmal zu erreichen. Man kann seinen Zielen nur Schritt für Schritt näherkommen, indem man sich für wenige Merkmale entscheidet, die wesentlich erscheinen, und für einige Fehler, die als untragbar gelten.

Der bessere und vor allen Dingen gewissenhafte Gebrauch des gesammelten Wissens über die Vererbung wird dem verantwortungsvollen Züchter helfen, sein Zuchtziel schneller und sicherer zu erreichen.

Oberstes Gebot sollten immer Gesundheit, Vitalität und gutes Wesen sein.

Zuchtbuchführung

Um nicht den Überblick zu verlieren, ist die Führung eines Zuchtbuches unerläßlich.

Sinnvoll ist es, außer Namen, Geburtsdatum, Eltern und Erbformel für die Farbe eines jeden Zuchttieres auch die Besonderheiten im Wesen, besondere Vorzüge im Körperbau, eventuell Krankheiten, die Todesursache und das Todesalter zu notieren.

Jeder Züchter sollte die Einzelheiten, die in seinem besonderen Fall von Bedeutung sind, festhalten, um später Rückschlüsse ziehen zu können, beziehungsweise bei der Verpaarung nur solche Elterntiere auszuwählen, die auch das erwünschte Ergebnis bringen können.

Beispiel:

Zuchtbock Angorameerschweinchen

Name:	Rudi
Geburtsdatum:	18. Juni 1991
Farbe:	Grauagouti-Buff, Aa Bb $c^d c^d$ $e^P e$ Ss
Eltern:	Alf, Lemonagouti-Creme, Aa BB $c^d c^r$ $e^P e$ Ss
	Theresa, Schoko-Rot-Weiß, aa bb Cc^d $e^P e^P$ Ss
Wesen:	ruhig, sehr menschenbezogen, besonders freundlich zu anderen Böcken, hilft durch Trockenlecken bei der Geburt
Körperbau:	kräftig, korrekt, sehr guter Schulterbereich
Fell:	sehr dicht, korrekt, lang über dem Gesicht
Krankheiten:	–

Gedecktes Weibchen	Wurfdatum	Wurf
Henriette	18. 05. 1992	0,2
Franziska	15. 09. 1992	1,5
Mona	21. 04. 1993	1,2
Mona	13. 07. 1993	1,2
Franziska	10. 08. 1993	0,4

Da die Vererbung des Geschlechts bei Säugetieren vom Vater bestimmt wird, kann man den Aufzeichnungen auch entnehmen, daß Rudi mehr Töchter als Söhne bringt.

Beispiel:

Zuchtweibchen Angorameerschweinchen

Name:	Mona
Geburtsdatum:	17. 07. 1992
Farbe:	Lemonagouti-Creme, Aa Bb $c^d c^r$ $e^P e$ SS
Eltern:	Elvis, Lemonagouti-Weiß, Aa B. $c^d c^r$ $e^P e$ Ss
	Lilli, Orangeagouti-Rot, A. bb C. e^P. SS
Wesen:	benötigt besonders Kontakt zu Artgenossen, als Jungtier schreckhaft, leistete Geburtshilfe bei Farina.
Körperbau:	kräftig, korrekt, sehr gute Schulterpartie
Fell:	korrekt, besonders dicht im Schulterbereich und über dem Gesicht.
Krankheiten:	–

Deckbock	Wurftag	Wurf	Besonderheiten
Rudi	21. 04. 1993	1,2	
Rudi	13. 07. 1993	1,2	

Beispiel:

Wurf

Eltern:		
	Rudi, Grauagouti-Buff,	$Aa\,Bb\,c^{d}c^{d}\,e^{P}e\,Ss$
	Mona, Lemonagouti-Creme,	$Aa\,Bb\,c^{d}c^{r}\,e^{P}e\,SS$
Datum:	13. 07. 1993	

Geschlecht	Farbe	Erbformel	Gewicht	abgegeben am/an
♂	cremeagouti-creme-weiß	$Aa\,bb\,c^{d}c^{r}\,e^{P}.\,Ss$	116 g 1. W. 154 g 2. W. 216 g 3. W. 290 g 4. W. 362 g	
♀	weiß, ein Ohr buff	$.\,.\,.\,.\,c^{d}c^{d}\,ee\,Ss$	102 g 1. W. 142 g 2. W. 192 g 3. W. 242 g 4. W. 294 g	
♀	d.sepia-buff-weiß	$aa\,B.\,c^{d}c^{d}\,e^{P}.\,Ss$	96 g 1. W. 132 g 2. W. 172 g 3. W. 220 g 4. W. 266 g	

Besonderheiten: Schon früh sehr gute Ohrhaltung.

Alle Eintragungen sollten, um übersichtlich zu bleiben, möglichst kurzgehalten werden.

Sinnvoll wäre sicherlich auch, ein Foto eines jeden Zuchttieres den entsprechenden Daten beizuheften.

Erbkrankheiten

Auch beim Meerschweinchen kommen verschiedene Erbkrankheiten vor.

Tanzbewegung, wie bei Mäusen bekannt, und *Zwergwuchs*, verbunden mit Wasserkopf, sollen sich rezessiv vererben.

Bei der *Polydaktylie*, 4 Hinterzehen statt normal 3 Hinterzehen, handelt es sich nicht um ein Gen, welches die zusätzliche Hinterzehe erzeugt, sondern um einen Genkomplex von 3 bis 4 Genen.

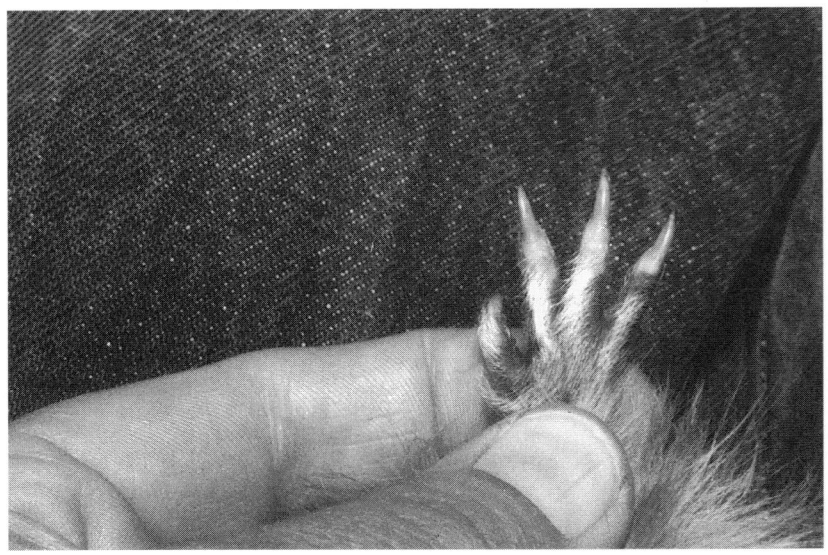

Polidaktylie (Hinterfuß)

Die Extrazehe soll links etwas häufiger als rechts auftreten. Sie erscheint als normale Zehe oder nur als Anhängsel mit oder ohne Skelett und kann auch an beiden Hinterfüßen vorkommen. Die Vererbungskraft soll um so stärker sein, je größer diese zusätzliche Zehe ausgebildet ist.

Castle konnte durch Selektion einen Zuchtstamm mit regelmäßig 4 Hinterzehen aufbauen. Wurden die Tiere mit normalen gekreuzt, war in der F 1 Generation die Extrazehe sehr verschieden groß oder fehlte.

92

Wright fand heraus, daß junge Weibchen öfter vierzehigen Nachwuchs bringen als ältere.

Demnach scheinen auch nichtgenetische Einflüsse an der Ausbildung beteiligt zu sein.

Pictet, der sich auch recht umfassend mit diesem Thema befaßt hat, beschreibt einen komplex von 3 Genen: P^{ol}, E^{ol}, N^{ol}.

Demnach sind alle Meerschweinchen mit einer vierten Extrazehe $P^{ol}P^{ol}$ oder $P^{ol}p^{ol}$, während die $p^{ol}p^{ol}$ normal sind.

Die Polydaktylen besitzen außerdem die Intensitätsfaktoren $E^{ol}e^{ol}$ $N^{ol}n^{ol}$.

Somit wären Tiere mit der Formel $P^{ol}. E^{ol}E^{ol} N^{ol}N^{ol}$ und $p^{ol}p^{ol}$ .... normal und der Erbformel $P^{ol}. E^{ol}e^{ol} N^{ol}n^{ol}$ polydaktyl.

Die *Neigung zu Krämpfen* vererbt sich rezessiv. Die Krankheit zeigt sich gleich nach der Geburt. Die Tiere liegen mit steifen Hinterbeinen hilflos auf der Seite und sterben innerhalb von zwei Wochen. Die heterozygoten Tiere sind äußerlich normal.

Ähnliche Zustände sollen bei Mäusen, Ratten, Kaninchen, Tauben, Ziegen und auch beim Menschen vorkommen.

Die *Letale Fußanomalie* vererbt sich ebenfalls rezessiv. Die heterozygoten Tiere können lebenskräftig sein, sie weisen unterschiedlich große Zehen auf. Die homozygoten sind sehr monströs und sterben meist in einem frühen Entwicklungsstadium. Sie haben unter anderem eine undifferenzierte Masse von Fingern und Zehen, eine Nasenspalte und eine aufgetriebene Stirn.

Eine weitere Mißbildung ist die *Otocephalie*. Sie kommt wie bei anderen Wirbeltieren auch in sehr verschiedenen Graden vor. Zuerst erfolgt eine Rückbildung des Kiefers, auf einer höheren Stufe die Verwachsung der Ohren mit einer Öffnung am Hals und der Verschmelzung beider Augen unter der rüsselförmig verlängerten Nase sowie letztendlich der Verlust von Nase, Ohren und Gehirn.

Solche Tiere sterben gleich nach der Geburt. Weibliche Tiere sollen doppelt so häufig betroffen sein wie männliche. Über die Zahl der beteiligten Gene und den Vererbungsmodus ist noch nichts bekannt.

Besuch einer Ausstellung

1988 fand in Deutschland die erste Meerschweinchenausstellung in Frankfurt statt.

Während es in unseren Nachbarländern Großbritannien und den Niederlanden schon seit vielen Jahren Tradition ist, seine Tiere als Halter oder Züchter einem großen Publikum vorzustellen und von einem fachkundigen Richter beurteilen zu lassen, stecken solche Ausstellungen bei uns noch in den Kinderschuhen.

Obwohl, einmal abgesehen von unseren landwirtschaftlichen Nutztieren, auch Hunde, Katzen und Kaninchen, nur um einige Beispiele zu nennen, schon seit langem auf Ausstellungen gezeigt werden, führten die Meerschweinchen bei uns in diesem Punkt ein Schattendasein.

Heute ist es so, daß außer der jährlichen Bundesdeutschen Meerschweinchenausstellung in Frankfurt auch regionale Ausstellungen im Norden sowie im Süden Deutschlands und auch als Anschlüsse an Kleintierschauen stattfinden.

Meerschweinchenliebhaber haben dadurch die Gelegenheit erhalten, Gleichgesinnte kennenzulernen, Erfahrungen auszutauschen und sich über die Besonderheiten der einzelnen Rassen zu informieren.

Die Rassemeerschweinchen werden von erfahrenen Richtern nach ihrem Standard beurteilt. Das heißt, je mehr ein Tier seinem Zuchtziel entspricht, desto höher ist seine Qualität.

Dies bedeutet jedoch nicht zwangsläufig, wie vielfach angenommen, daß es auch über besonders gute Zuchteigenschaften verfügen muß. Solche Rückschlüsse lassen sich erst ziehen, wenn genügend Nachwuchs aus Anpaarungen mit verschiedenen Partnern vorhanden ist.

Während auf einer englischen Ausstellung Meerschweinchen in den verschiedensten Farben zu bewundern sind, bekommt man in Holland, mit Ausnahme der Glatthaar, überwiegend Tiere in den Grundfarben Schwarz, Rot und Weiß zu sehen.

Es wäre wünschenswert, wenn bei der Erstellung des deutschen Standards die genetische Vielfalt nicht außer acht gelassen würde – nicht nur für die Augen des Betrachters, sondern auch im Sinne der Gesundheit der Tiere.

In der Hausmeerschweinchenklasse werden Mischlinge sowie Rassetiere, unterteilt in zwei Gruppen für kurz- und langhaarige Tiere, hauptsächlich nach ihrem Pflegezustand bewertet.

Da Jungtiere nicht mit ausgewachsenen Tieren konkurrieren können, gibt es die Jugendklasse für Meerschweinchen bis zu einem Jahr und die Offene Klasse für ältere Tiere.

Die Besucher können sich an der Zuschauerwahl des schönsten Meerschweinchens beteiligen.

Es sollte selbstverständlich sein, daß alle Ausstellungstiere mit sauberem Fell, geschnittenen Krallen und nur in bester Kondition vorgeführt werden.

Ein Meerschweinchen, das ausgestellt werden soll, darf nicht ängstlich oder besonders schreckhaft sein. Es muß lernen, stillzusitzen, da ein nervöses, zappeliges Tier kaum seine Qualitäten zeigen kann.

Während des täglichen Trainings kann das Fell für die Schau vorbereitet werden. Fordert der Standard zum Beispiel eine kurze, seidige Behaarung, kann der Gesamteindruck durch Auszupfen vorhandener langer Grannenhaare deutlich verbessert werden.

Auf jeden Fall ist es ratsam, sich vor der ersten eigenen Teilnahme an einer Ausstellung erst einmal als Besucher über den Pflegezustand der gezeigten Tiere zu informieren.

Der Besuch einer Meerschweinchenausstellung ist immer sehr interessant. Man kann seine eigenen Tiere mit anderen vergleichen, Informationen über Pflege, Fütterung und andere Themen erhalten, Tiere, auch seltene Rassen und Farben erwerben, sich mit Züchtern treffen und auch Freundschaften mit Meerschweinchenliebhabern schließen.

Literatur

Bielfeld, H.: Meerschweinchen
  Gräfe und Unzer Verlag, München, 1986
  7. Auflage
Berghoff, P. C.: Tierärztliche Heimtierpraxis 1
  Kleine Heimtiere und ihre Erkrankungen
  Blackwell Wissenschafts-Verlag,
  Kurfürstendamm 57, D-10707 Berlin, 1989,
  1. Auflage
Elward, M.: A complete guide to Guinea Pigs
  T. H. F. Publications, Inc., USA, 1987
Heimtierbücherei: Freude am Meerschweinchen
  Kapust Verlag, Bierden, 1968
Hamel, Dr. I.: Das Meerschweinchen
  Gustav Fischer Verlag, Jena, 1990
  1. Auflage
Hutchinson, P.: Guinea Pigs
  K & R Books Ltd., Leicester, GB, 1978
  1. Auflage
Plate, Dr. L.: Vererbungslehre
  Gustav Fischer Verlag, Jena, 1938
  Band III, 2. Auflage
Schmidt, Dr. G.: Meerschweinchen
  Lehrmeister Bücherei, LB 698
  A. Philler Verlag, Minden, 1973, 1983

Bildquellen

Umschlagbild: Unter Verwendung eines Fotos von Foto-Studio Claus, Walsrode

Farbbilder

Altrichter; Dieter: 39, 40, 41
Enick, Matthias Dr.: 5, 6, 7, 21
Groth, Daniela: 29
Hentschel, Margit: 9, 16, 17, 20
Kassau, Silke: 30, 35
Klee, Birgit: 27
Kornienko, Rebecca: 4, 8, 10, 11, 13, 15, 22, 37, 38
Lösch, Elke: 12, 23
Meerschweinchenfreunde Deutschland (MFD),
    Bundesverband Deutschland e.V.: 1, 2, 18
Pelz, Ilse: 14
Schwedthelm, Thomas: 28
Vorwerk, Ilse: 19, 25
Wehrmann, Ulrich: 24, 26, 31, 32
Zeddies, Marion: 3, 33, 34, 36

Schwarzweiß-Abbildungen (Seitenangabe)

Blackwell Wissenschafts-Verlag: 41, 43
Kock, Angelika: 11, 14
Lösch, Elke: 19
Pelz, Ilse: 34
Wagner, Sigrid und Joachim: 15, 16, 17

Nützliche Adressen

Meerschweinchenfreunde Deutschland (MFD)
Bundesverband Deutschland e. V.
Sitz: Frankfurt/Main
1. Vorsitzender: Gerd Lang
Geschäftsstelle:
Postfach 10 11 29
D-63011 Offenbach/Main
Tel.: ℘ 0 69/50 59 50

Verein Deutscher Meerschweinchenzüchter e. V. Bonn
Hommelsheimer Str. 7
D-53359 Rheinbach-Flerzheim

Vereinigung Deutscher Rassemeerschweinchenzüchter
(VDRZ)
1. Vorsitzende: Birgit Klee
Obere Str. 16
D-34479 Breuna
Tel. 0 56 41/22 84

Vereinigung der Schweizer Meerschweinchenfreunde
Präsidentin: Eveline Kieliger
Rheinhaldenstr. 60
CH-8200 Schaffhausen
Tel.: 00 41 53/25 70 91

Kantonaler Cavia-Verein Solothurn
Präsidentin: Trudi Binz
Sandackerstr. 6
CH-4572 Ammannsegg
Tel.: 00 41 65/47 17 15

Meerschweinchenfreunde Österreich
Ansprechpartner: Monica Arthold
Hintzer Str. I/III/13
A-1030 Wien
Tel.: 00 43 1/7 18 81 19
o. 00 43 (6 62/62 19 70 (Salzburg)
Andrea Hoffmann
Belghofergasse 34/7
A-1120 Wien
Tel.: 00 43 1/8 04 27 04

Sachregister